认知语言学与二语教学探索

刘 锋 著

图书在版编目（CIP）数据

认知语言学与二语教学探索 / 刘锋著. — 长春 ：吉林文史出版社，2021.8

ISBN 978-7-5472-8040-9

Ⅰ. ①认… Ⅱ. ①刘… Ⅲ. ①第二语言－外语教学－教学研究 Ⅳ. ①H09

中国版本图书馆 CIP 数据核字（2021）第 177647 号

认知语言学与二语教学探索

RENZHI YUYANXUE YU ERYU JIAOXUE TANSUO

出版人　张　强
作　　者　刘　锋
责任编辑　柳永哲
装帧设计　中图时代
印　　刷　三河市嵩川印刷有限公司
开　　本　710 mm×1000 mm　1/16
印　　张　13
字　　数　230 千字
版　　次　2021 年 8 月第 1 版
印　　次　2022 年 1 月第 1 次印刷

出版发行　吉林文史出版社
地　　址　吉林省长春市净月开发区福祉大路 5788 号
网　　址　www.jlws.com.cn
书　　号　ISBN 978-7-5472-8040-9
定　　价　58.00 元

目　录

第一章　认知语言学概论

第一节　认知语言学的性质

一、认知语言学是一个学派

（一）认知语言学的性质

自然语言作为人类最主要的交际工具，它在本质上是人类感知、认识世界，通过心智活动将经验的外在现实加以概念化，并将其编码的结果。由于心智活动和语言之间密不可分的关系，也由于心智活动难以独立地观察到，因此自然语言是观察人类心智的一个重要窗口。近年来，不仅以心智活动为研究对象的心理学越来越重视从语言入手探索心理过程及其规律，语言学家也越来越强调由人类的基本认知能力出发，通过人类在与外在现实双向互动过程中形成的概念结构来分析、解释语言结构。认知语言学正是近年来随着认知科学的兴起，在心理学、哲学、人类学、语言学等学科对语言和认知之间的关系进行深刻反思的背景下产生的一个新兴语言学流派。

目前学界都认同认知语言学是一个语言学学派，就像“生成语法”一般被看作一个学派，而不是像“社会语言学”或“文化语言学”这样的语言学分支学科。因为这些学科分支不光是以语言的某个特定方面作为研究的切入点，而且也将其作为主要研究对象；而认知语言学是从认知的角度来研究语言各个方面的组织原则，主要是其核心部分，即语法系统本身。因此不少学者认为认知语言学本质上是一种研究方法，这是有道理的。

关于认知语言学，目前国外并没有一个一致的定义，但却有一些共同的理念。

下面是一些有代表性的阐述。

Lakoff[①]：

我认为，认知语言学可以由两个共识来定义，称为概括性共识和认知共识。

Taylor[②]：

我使用“认知语言学”这一描述性的术语来表示当代语言学领域的一场广泛的运动。它包括一系列不同的研究取向、方法和侧重点。然而，他们通过一些共同的假设相互连接在一起。

Dirven：[③]

认知语言学可以被定义为分析语言和其他认知域，以及和其他认知机制之间关系的一种语言理论。

Evans[④]：

认知语言学是20世纪80年代初以来出现的语言学和认知科学的一个流派。

国内外语学界的一些学者对国外学者的定义进行了概括，认为认知语言学具有两个重要共识，即概括性共识和认知共识。概括性共识要求认知语言学家寻找语言中具有广泛概括性的普遍原则；认知共识要求语言中的普遍原则必须得到来自相关认知学科的解释。并在此基础上提出了自己的见解。例如：

王寅：

坚持体验哲学观，以身体经验和认知为出发点，以概念结构和意义研究为中心，着力寻求语言事实背后的认知方式，并通过认知方式和知识结构等对语言做出统一解释的、新兴的、跨领域的学科。

---

① Lakoff, George. The invariance hypothesis: Is abstract reasonbased on image schema? Cognitive linguistics, 1990:40

② Taylor, John. Cognitive Grammar. Oxford: Oxford University Press, 2002:20

③ Dirven, Ren . Major strands in cognitive linguistics. In Ruiz deMendozalb nez, Francisco J. , and M. Sandra Pena Cervel (eds.), Cognitive Linguistics : Internal Dynamics and Interdisciplinary Interaction. Berlin/New York: Mouton de Gruyter, 2005:17-18

④ Evans, Vynyan. A Glossary of Cognitive Linguistics. Edinburgh : Edinburgh University Press, 2007:22

李福印①：

认知语言学是一门研究语言的普遍原则和人的认知规律之间关系的语言学流派。

从上述国内外学者的定义，我们可以领悟到认知语言学的性质。正如张敏所做的解释：

认知语言学是一个以我们对世界的经验以及我们感知这个世界并将其概念化的方法、策略作为基础和依据进行语言研究的语言学学派。

(二)认知语言学的兴起

认知语言学在20世纪70年代中期开始在美国孕育。1975年，加州大学伯克利分校语言学系举办了语言学夏令营活动，举办了如下一系列演讲：

Paul Kay 关于色彩词的演讲

Eleanor Rosch 关于范畴理论的演讲

Leonard Talmy 关于英语空间关系的演讲

Charles Fillmore 关于框架语义学的演讲

这些研究思路和研究领域都为认知语言学的形成打下了基础，可以说是认知语言学的萌芽。

认知语言学成熟的重要标志是1989年春，由R. Dirven组织在德国杜伊斯堡举行了第一次国际认知语言学会议，成立了国际认知语言学学会(International Cognitive Linguistics Association，简称ICLA)。会后于1990年出版了《认知语言学 Lirag´Misiics)杂志，并由德国的Mouton deGruyter出版社出版认知语言学研究系列丛书。此后，认知语言学国际会议每两年举办一次，到2007年为止已举办过10届。20世纪90年代以后认知语言学研究在世界各地迅速扩展，西班牙、英国、日本、德国、法

① 李福印. 认知语言学概论[M]. 北京：北京大学出版社，2009.

国、俄罗斯、中国等都相继建立认知语言学研究会。

目前,认知语言学在美国的两个研究中心已形成了两个学派:一是以 Langacker 为首的“圣地亚哥学派”(San Diego School);一是以 Lakoff、Fillmore、Kay 等为首的“伯克利学派”(Berkeley School)。这两个学派的理论主要包括 Langacker 的认知语法、Fauconnie 的心理空间及概念整合理论、Lakoff 的隐喻理论或认知语义学、Fillmore 的框架语义学和构式语法等。

(三)认知语言学的界定

由于认知语言学是近几十年来逐渐兴起的一个成长中的学派,还处于发展阶段,缺乏整齐划一的分析模式。但也正因为如此,它在探索范围和研究手段方面较少束缚,具有更大的开放性。因此认知语言学家对认知语言学研究领域的划分有所不同。Evans 将认知语言学划分为两大研究领域:认知语义学和认知语法。Fauconnie 认为认知语言学主要由四大领域构成:认知语义学、认知语法、隐喻研究以及概念整合理论。

可以说,从认知角度研究自然语言方方面面的现象已成为功能主义语言学阵营里的一个新潮流,越来越多的功能语言学家已开始进入这个领域。我们认为,作为一个新兴的语言学派,不必拘泥狭义和广义之分,而在于语言观、认识论、方法论方面所达成的共识,建立在这些共同理念基础上的语言研究都将有助于认知语言学派完善、成熟,进而推动人类语言研究的发展。

二、认知语言学派的理论背景

(一)认知语言学的学术渊源

认知语言学的理论背景首先可以从其核心人物的学术背景中窥知,从事认知语言学研究的代表人物主要有三个来源:(1)来自形式语法阵营的生成语义学家。由于对句法中意义地位的认识分歧,他们从形式语法阵营中分裂出来。(2)从事类型学研究的功能语言学家。这些学者的研究有两个鲜明的取向,即注重语言共性和认知解释。(3)注重认知的哲学家、心理学家和人类学家。他们都在各自的学科领域对语言与认知的关联进行了卓有成效的研究。

把视野拓宽,从认知语言学的理论主张及其研究角度和方法来分析,可以发现相关学科领域研究成果的催生效应。20 世纪 70 年代以来,人类学家发现的各民族中亲属词及颜色词的共性以及心理学家提出的概念原型效应和基本层次范畴理论,动摇了人们对经典范畴理论的信念,导致了认知范畴观的确立;心理学家对意象及图式的研究对注重语义的语法学家带来了很大的影响,这些语言学家开始意识到语言学主流所持有的客观主义认知观及在其指导之下形成的句法、语义理论存在的弊端;哲学家对形而上学现实论及符号操作认知观的批判提供了哲学层面的支持,促使认知语言学的非客观主义哲学观的形成。再进一步追溯,可以发现促使认知语言学形成的理论背景,直接来自下面两个学科的研究。

1. 认知心理学

在认知心理学各分支中,对认知语言学影响最大的是格式塔心理学。“格式塔”是对德文 Gestalt 的音译,表示统一的、具有意义的整体。因此,格式塔心理学在我国又被称为完形心理学。格式塔心理学于 1912 年兴起于德国,是西方现代心理学的主要流派之一。该学派最早的研究领域为视觉感知,后来扩展到理解、记忆、学习等各个方面。这一学派最显著的特点是注重整体概念,主张整体大于部分之和。该学派提出了系列感知方面的组织原则,统称为格式塔原则。

语言学理论与格式塔心理学感知理论的整合枢纽是原则相似性。比如其中著名的焦点—背景原则,即人类在观察及理解某一事件时,总是倾向于选择事件的某一方面作为焦点,其他方面作为背景。当我们看见黑板上的粉笔字时,会将粉笔字当作焦点,黑板当作背景;当我们观察汽车开进车库时,会将汽车当作焦点,车库当作背景。

2. 现象学(哲学)

现象学作为一种重要的哲学思潮,为认知语言学提供了理论化、系统化的方法论及发展前提。现象学由德国哲学家 Edmund Husserl 于 20 世纪初开创。现在通常所说的现象学不但包括 Husserl 及其早期追随者的哲学理论,还包括受其影响而产生的各种哲学理论以及 20 世纪西方各学科中所运用的现象学原则和方法体系。

现象学理论数量众多，内容庞杂，但共同点是以现象为对象，研究人的意识，研究各种体验、行为和行为相关项。现象学对于认知语言学的促进作用主要体现在方法论上。现象学对心理学方法论的第一次变革使格式塔心理学取代了构建主义，第二次变革则使人本主义取代了行为主义，人本主义的指导思想催生了认知语言学最重要的几大理论，即原型理论、词汇网络理论、概念隐喻以及概念转喻。其中原型理论以考察人类实际范畴化活动的心理学实验为实证基础；隐喻与转喻理论一直强调隐喻和转喻都是基于人类身体的体验；词义网络理论以原型理论、概念隐喻和转喻为依托。

其中体验现实主义更是直接明确了人类的体验在认知系统中的决定性作用。认知语言学家对“体验性假说”语言观进行了扩展、深化和证实。其思想概括为三项基本原则：①心智的体验性；②思维的无意识性；③抽象概念的隐喻性。

（二）认知语言学的基本观点

从认知语言学的理论背景来看，这显然是一个跨学科的学派。因此认知语言学的目标定位在语言和认知的关联，这种关联表现为双向互动性。一方面，语言是人类最重要的一种认知活动，是观察一般认知能力的窗口，对语言的研究可以帮助我们揭示人类认知活动的奥秘；另一方面，人的一般认知能力在很大程度上决定了语言能力，对认知系统的研究也有助于对语言结构系统的解释。和目前占主导地位的形式语言学派相比，认知语言学派的独特之处不仅在于它对具体语言现象进行描写分析时所采用的方法和手段不同，更在于它在哲学基础上，或在语言观上与主流派形式语言学理论大相径庭。它和形式语言学派在方法论上的分歧，主要由于双方在语言观上的分歧造成的，源于对语言现象、语言系统、语法结构、意义结构等基本方面的认识上的差异。认知语言学可以由两个首要共识来界定，称为概括性共识和认知共识。概括性共识是描述能够解释人类语言方方面面的普遍原则的共识，我视其为把语言学作为科学研究事业的共识。认知共识是使语言的描述与认识相一致的共识，是与其他学科以及本学科对大脑和心智的认识相一致的共识。

显然定义认知语言学的不仅仅是“认知”这个概念，也没有生成语法那样严格界定出来的框架和程序,而是一些基本的语言观、认识论、方法论原则和理念。国内外汉语学者也对这些基本原则和理念进行了探讨,我们将这些原则、理念大致归纳如下:

(1)自然语言既是人类认知活动的产物,又是认知活动的工具'其结构和功能应视为人类一般认知活动的结果和反映。人类的语言能力不应当作人脑里独立于其他认知能力和百科知识的一个完全自主、自足的部分,而是与一般认知能力密切相关的,语言机制应该是普遍认知机制的一部分。同样,句法也不是自主的、任意的,而是有动因的,往往由语义、语用、认知、功能等句法之外的因素所促动的。

(2)语义不是基于客观的真值条件,语义结构也不能简单地化解为真值条件的配列。它并非对应于客观的外在世界,而是对应于非客观的投射世界,并与其中规约性的概念结构直接联系。概念结构的形成与人的物质经验、认知策略等密切相关。

(3)语义学和语用学形成一个连续统,两者都作用于语言的意义。语言的意义并不限于语言系统内部,而植根于人类与世界互动过程中形成的物质经验,植根于说话人的知识和信仰系统。因此,纯语义知识和百科知识是不能截然分开的。语义是我们总体概念系统的一个部分,不是一个完全独立的模组部分。

(4)语言共性及语言里的一般规律往往体现为某种趋势,而不是绝对的规则。对语言规律的形式化或以构造形式化模式作为对语言共性的解释,其实都不是严格意义上的解释,而只是描写或模拟。对语言共性更有意义的解释往往须在形式之外寻找,如从表达交际功能、人类的认知能力及策略等方面去探求。

(5)语言里的范畴化并不是由标准-属性模型构建的,也不是由必要特征和充分特征合取定义的。范畴是围绕典型、家族成员相似性和范畴中各成员的主观关系组织起来的,一个范畴内部常常包括中心的部分和扩展的边缘部分。因此范畴化的原则既有基于图式的,也有基于原型的。

(6)语法构式与词汇项目一样,是形式和意义的配对。它们有着真实的认知地位,而不是由生成规则或普遍原则的操作所产生的副现象。因此,语法与其视为一种规则系统,不如视作一份由形式和意义的结合物构成的具有内在结构的象征符号的序列。也就是说,词汇项和语法结构项是连为一体的,其间并无绝对的界线。

(7)句子的合法性或可接受性并不是绝对二分的,即要么可接受,要么不可接受,而是渐进的,同语境、语义以及语法规则密切相关。认知语言学家并不像生成语法学家那样,要把语法写成是一部生成某种语言中所有合乎语法的句子那样的语法,因为语法性判断具有渐进性、可变性以及语境的依赖性,要实现生成语法所期望的目标几乎是不可能的。

(三)认知语言学的研究方法

当今的认知语言学主要是由三种方法表征的:经验观、凸显观和注意观。具体表述如下。

经验观认为,语言使用者对事物的描写不局限于客观的描写,还会对它们的意义加以更丰富、更自然的描写。例如,描写一辆小车,人们不但会说小车的形状像一个盒子,有车轮、门、窗、方向盘、加速器、刹车、座位等;还可能会提到小车坐起来舒服,跑得快,是社会地位的象征;甚至有人还会把小车与初恋、车祸联系起来。后面这些特征显然是人们所经历的部分,远远超出了客观描写。

凸显观认为,语言结构中信息的选择与安排是由信息的凸显程度决定的。例如,要描写一辆车撞在一棵树上这一情景,句子“The car crashed into the tree”就比“The tree was hit by the car”更自然,因为在整个情景中,运动着的车是最有趣、最突出的部分,是说话人想要表述的话题,所以倾向于把 The car 放在句首。

注意观认为,我们用语言所表达的实际上只反映了事件中引起我们注意的那些部分。例如上面的“The car crashed into the tree”只是描写了整个车祸中引起我们注意的一部分,而其他部分如小车突然转向、冲出了马路等情景却未表达出来,尽管这些部分均发生在车撞在树上之前。

然而上述方法表征更准确地理解实质上属于“语言观”。认知语言学是以人们对世界的经验和人们对世界的感知、概念化和认知方式为基础来研究语言的。由于目前科学技术和仪器设备还没有发展到能直接观测和说明人的大脑思维和语言活动,认知语言学只能通过有规律地观察和调查的方法来间接研究人的认知和语言的关联性。认知语言学中占主导地位的研究方法是内省加理论分析。所谓内省的方法就是采用自然观察的方法,观察直接反映认知活动的语言现象,然后找出有规律的东西,分析其内在的认知取向;所谓理论分析就是将认知科学的研究成果和理论运用于语言研究,发现语言结构与认知结构共同的规律。

但有学者认为这一研究方法存在很大的不足。因为在内省的方法中,语料并不是从现实生活的话语中提取,而是研究者自己的话语,研究者之间的个体差异必定在较大程度上影响研究结果。因此很多认知科学家对该方法表示质疑,并且越来越多的认知语言学家开始倡导更具实证性的研究方法(抽样调查的方法),即在对一些变量进行控制的情况下就某一调查项目选择同年龄组、不同文化程度、不同职业的应答者,在尽可能自然的环境下进行一定的询问、答卷、叙述等,以便获得语言背后的认知活动。但由于种种原因,事实上目前采用这种方法进行研究的还很少。目前认知语言学最热门的研究方法为语料库和对比研究。

第二节　语言观和认识论

任何一种语言学流派的产生,都有特定的语言观作为理念的支撑,而更深层的是某种哲学背景的认知观。认知语言学作为一个新兴的语言学流派,自然有不同于其他学派的语言观和认知观。而这些语言观和认知观的形成,是对半个世纪以来主流语言学派理念进行有效的反思和质疑的结果,是学术争鸣的产物。要想对认知语言学有一个深层次的理解,就必须对这个学派的语言观、认知观及其形成缘由有一个充分了解。

一、语言观的反思和质疑

(一)“天赋性”和“自主性”假说

代表形式语言学主流的乔姆斯基学派首先将语言研究的对象界定为语言能力,而非语言运用。语言能力指的是人类特有的内在语法知识,即说本族语的理解和构成从未听过或说过的数量无限的句子的能力。人类之所以有这样的能力,是因为每个人的大脑里都存在着一个生成和过滤句子的机械装置,这个装置就是语法。它的核心部分是人类共有的,包含了所有人类语言共同的普遍特征,故这样的语法被称作普遍语法,它是一个由某些抽象的规则和原则构成的有限系统。由于不同语言之间有着众多显著的相似性,更由于任何一个智力正常的幼儿都能在极短的时间之内,未经系统的学习而轻而易举地习得其母语,因此头脑里的这部语法不可能是后天学来的,而是与生俱来的,正如人天生就有走路的能力是由生物遗传基因决定的一样。包含这部语法的人脑在结构上是高度分化的,即具有模组性,其中不同的子系统虽相互联系,但却各司其职,各自独立。语法正是其中一个独立的子系统,它本身是自主自足的,独立于人类其他的认知系统;而语法本身也是模组化的,其中的句法也是自主的,其构造无须参照语言的其他层面(如语义)及语法之外的各种因素,如交际需要、言语环境、对世界的知识等等。上述观念的核心在于语法的天赋性和自主性,正是在这两点上功能学派和形式学派有着根本不同的看法。

(二)功能主义语言取向

任何语言学家都会承认语言有其先天基础,否则无法解释为什么只有人才有语言能力,而最聪明的猴子也学不会语言。但功能语言学家相信天赋是人类独有的认知、推理及信息处理的能力,而非头脑里的一部抽象的语法。他们认为,后一个意义上的天赋性,至今为止的神经生理学还没有任何证据说明人的大脑里是否有一个类似“语言习得装置”的部件。同时,功能语言学家之所以认为天赋说空洞,还因为他们发现天赋说的归着点,即普遍语法假说是无法证伪的。

自主说是形式语言学家普遍认可的一种工作假设,它指的是,语言的中心部分能够并且应该描述为这样的一个系统,其基本元素和起支配作用的原则不能由系统外的概念导出或化解,这就是“语言形式的自主性”;这个假说的中心是“句法自主性”,即句法模式不能在所涉及成分的意义或话语功能的基础上得以说明,句法构造和语义构造或话语功能之间也不存在简单的对应关系。自主说的提出其实反映了形式学派试图将语言学升格为精密科学的努力。和结构语言学家一样,他们认为像语义、功能之类的东西很难精密地描述和界定,因此,与其面面俱到但丧失分析的精确度,不如抛开那些难以说清楚的成分,专注于较容易控制的形式分析。作为一种工作假设,自主说的想法袭似自然科学的实验室方法,即最大限度地分离不相干的因素,使真正起作用的因素得以凸显。不过,在实际研究中它往往已超出了工作假设的范围,而成为一种首要的承诺。因为自然科学的工作假设是可以在研究遇到困难的时候被有条件地放弃的,但主流的形式学派在解释例外时,选择的不是在这个特定问题上放弃自主说,寻找其他方面的因素,而是仍执着于形式因素本身,甚至持有一种先验的观念,即无论如何不会有句法外的因素在起作用。因此,以自主说作为首要承诺而不仅仅是工作假设,这就出现了一个让功能语言学家不得其解的悖论。

功能语言学家面对自然语言这样一个开放的系统,把真实性而非精密性作为自己研究的首要承诺,他们的研究难免会被形式学派批评为不够严谨、精密,但往往能独到地发现语言中一些极其有趣的规律,并做出令人信服的解释。必须说明的是“天赋”和“自主”其实都不是能简单地否定的问题,正如它们也不易简单肯定一样。功能学派不赞成上述两个观点,并不意味着他们完全否定语言可能有天赋及自主的部分。多数功能语言学家(包括认知语言学家)将语法是否天赋与自主看作一个未有定论的经验的问题,他们反对的是形式语言学将天赋论和自主论视为先验的命题,当作研究的首要承诺,即其前提和立足点。若将两个学派中最极端的观点都撇在一边,则可以说,在经验事实面前,认知语言学家倾向于尽可能地用普通的认知机制来解释语言能力,用语法之外的因素来解释语法的内部构造,而形式语法学家则正好相反。

二、认识论的反思和质疑

(一)客观主义认知观

任何语言观都建立在一定的哲学理论基础上。认知语言学认为,形式语言学将语言视为抽象符号及其规则的运算操作系统这种语言观,以及与之相应的注重形式而忽略意义、追求数学式的形式化表述、句法自主等观念和取向,是近几个世纪以来在西方哲学、科学、文化传统中占据支配地位的认识论和本体论主流思潮的反映。

认知观指的是对人类理性的基本看法，即对人类如何理解自身经验和外在现实，如何进行概念化、推理等认知活动的基础与本质的认识。客观主义认知观的本质就在于其“客观”观念，也就是说，它认为人类心智是脱离主体的，是超经验的，不依赖认知主体的身体经验及其与现实之间的相互作用，而仅仅是以映射的方式被动地反映现实。这种认知观的一个基本特征就是将符号与其意义分割开来，只有这样，才能将思维看作抽象符号的算法操作。因此客观主义认知观背后的形而上学也是客观主义的。

这种状况显然有其深刻的历史根源。客观主义范式本身就是延续了两千多年的主流的西方哲学、文化传统的一部分。近几百年，尤其是20世纪以来西方哲学和科学的发展又起到推波助澜的作用，使之进一步精细化和具体化。具体说来，客观主义的基本信念和教条是以下几个方面影响的积淀：(1)西方古典哲学本体论主流思想的影响。亚里士多德式的形而上学世界观和范畴论两千年来一直是西方主流思想的基础。(2)西方近代哲学认识论主流，尤其是笛卡儿主义和康德主义的影响。近代西方哲学的共同基础便是建立在以主客对立为中心的一系列二元对立上，上述两位大思想家的学说更是加剧了其中“心一身、概念一感知、形式一实质、理性一情感”这样一些二元对立之间的鸿沟。(3)现当代分析哲学的意义理论主流，尤其是弗雷格逻辑主义的影响。正如弗雷格自己所说的，其理论的第一个基本原则便是“始终把心理的东西和逻辑的东西、主观的东西和客观的东西严格区别开来”。在他看来值得研究的是客观的“含义”，而观念、意象、生理过程、想象行为等都被斥之为主观的东西而不予理睬。(4)现代数学公理化方法的影响。所谓公理化方法就是以尽可能少的原始概念和不加证明的公理作为基础，利用逻辑推理来建立演绎的科学理论。(5)当代各门硬科学，尤其是物理学的影响。现代物理学由于成功地运用了数学工具，对物质现象的分析达到了前所未有的精深细密的程度，以致使各门自然科学甚至社会科学都出现了一种“物理学的钦羡”，把它当作自己的楷模。

不难看出，不仅以生成语法为代表的形式语言学理论秉持上述信念，近几十年来西方学术界与人类思维研究相关的各门学科,尤其是人工智能科学,其主流都是以这些信条作为基础的。这并不是说有多少人声称他们信奉或认可上述学说,而是说这类观念多少世纪以来已经深入人心,被视为不证自明的真理,成为建构理论学说的无须言明的出发点。

（二）经验主义现实论

客观主义的认知观可谓早已深入人心,若不深究似乎无懈可击。而且它将数学式的严密性引入心智的研究,对不少人文科学家也深具吸引力。必须指出的是,其中不少原理或思考模式在另外一些领域里确实是绝对正确的,例如传递关系在数学和逻辑学里自然是完全成立的,抽象符号及其关系的操作和运算是数学、逻辑学、计算机科学赖以实现的基础,集合论更可视为近代数学发展史上的里程碑。问题是人类心智源于其中、居于其中的真实世界却并非纯然的数学世界、逻辑世界或客观物质世界。正如一些心理学家指出的,人类文化史中最普通的谬误之一就是将一种方法从一个成功的领域,转用到另一个按其本性就不能成功的领域。认知语言学家发现客观主义的范式存在着很大的问题,至少它提供给我们的是一幅简单化的图景,不适合研究人类认知及语言的关联性。在近年来各个门类的认知科学经验观察的基础上,认知语言学提出一种“非客观主义”的理论,它在认知观、意义观乃至形而上学本体论方面都与客观主义的范式大异其趣。这一理论为认知语言学观察语言的角度及其所采纳的具体分析方法和研究取向提供了深刻的哲学基础。

上述认知观决定了认知语言学的句法观,在认知语言学派看来,句法研究包括三个方面:(1)描述由语义促动的语法范畴和语法构造;(2)指明这些范畴和构造的语义、功能动因;(3)从形式和意义两个方面说明语法构造之间的关系。这样的句法构造可由层层上置的方式组合起来,句子则由一般认知过程加以处理。其中,为句法提供语义、语用、功能动因的原则被称为“生成语义原则。

第三节　认知语言学与汉语研究

一、认知语言学研究的现状

(一)认知语言学研究的兴起

认知语言学发端于20世纪70年代,自80年代中期以后范围扩展到语言学的各个领域,包括句法学、语义学、音系学及篇章分析等。90年代开始,海内外一些汉语学者逐渐关注国外语言学界从认知角度研究语言的发展动态,开始在《国外语言学》杂志(现更名为《当代语言学》)介绍国外学者的研究成果,并试图运用认知语言学的一些原理对汉语现象进行解释。

值得指出的是,在国内认知语言学研究兴起和发展过程中,中国社会科学院语言研究所起到了引导和推广的重要作用,立下了汗马功劳。语言研究所主编的《当代语言学》和《中国语文》积极推介国外认知语言学的理论和方法,并积极鼓励运用认知语言学的理论、方法来解释汉语现象,解决汉语问题。语言研究所所长沈家煊教授身体力行,在介绍国外理论的基础上,有效地运用这些理论、方法来考察汉语的句法语义问题,并取得了丰硕的成果。在他的带领下,语言研究所的专家学者们都在认知语言学方面进行了积极的探索,并取得了不少研究成果,《现代汉语语法的功能、语用、认知研究》(商务印书馆2007)收录了语言研究所同仁多年来的研究成果。同时值得关注的是,北京大学陆俭明教授近些年来积极探索汉语的句式研究,在批判地借鉴Goldberg"构式语法"理论的基础上,提出了"构式—语块"的假设,突破了传统汉语句式研究的框架,将汉语句式研究推上了一个新台阶。在他的带领下,北大的一些学者们也在认知语言学方面进行了积极而有效的探索,取得了不少有价值的成果。

(二)认知语言学研究的发展

从20世纪末开始,尤其进入21世纪以来,认知语言学已经引起了广泛的关注,成为国内语言学界研究的热点。从总体上看,国内的认知语言学研究大致分为两大阵营:一个是外语学界,学者们的研究侧重国外认知语言学理论和方法的介绍和探索;一个是汉语学界,学者们的研究注重运用认知语言学的理论和方法来解释汉语的语言现象'解决汉语的句法、语义问题,并取得了可喜的成果。

这方面国内出版界起了很大的推动作用,1999 年上海外语教育出版社引进出版了《MIT 认知科学百科全书》。2001 年北京外语教学与研究出版社“当代国外语言学与应用语言学文库”出版了两本重要的认知语言学专著(英语引进版)。此外,上海外语教育出版社、北京大学出版社、高等教育出版社、江西教育出版社都纷纷推出了认知语言学或相关学科的专门丛书,其他出版社也积极出版认知语言学研究的专著。

近些年来一个值得关注的倾向是一批中青年博士生选择认知语言学的汉语探索作为自己的研究方向,取得了令人瞩目的研究成果,为国内认知语言学研究的可持续发展打下了基础。

同时,进入新世纪以来,汉语学界和外语学界的专业核心期刊发表了一大批关于认知语言学研究的论文,有的对国外认知语言学的新动向进行了介绍和评价,有的运用认知语言学的理论、方法来重新审视传统研究课题,有的在解决汉语问题时进行了有说服力的认知解释。据不完全统计,此类论文已不下数百篇,而且正在稳步增长。从汉语研究的领域来看,这些论文的研究对象集中在汉语的词类和句式的范畴化、汉语的隐喻结构系统、汉语中的句法象似性表现、汉语构式的句法语义分析、汉语类型学的认知解释、汉语语法化的认知解释等几个方面。

随着认知语言学研究在国内的兴起,学术活动也相应地频繁起来。

二、认知语言学研究的思考

从总体上看,一方面,国内认知语言学的研究已经形成了一个良好的开端,并取得了不少有效的研究成果。另一方面,我们也应该看到,运用认知语言学的理论和方法来有效地解释或解决汉语的实际问题,还有很大的空间,值得我们去进一步地深入探索。在拓展研究的过程中,涉及一些观念和方法论的问题,应该引起足够的重视。在这方面,沈家煊先生提出了一系列有益的建议,值得我们思考。

(一)汉语研究的回顾"分析"与"整合"

"整合"强调"整体大于部分之和",是对长期以来科学研究中"分析"的一种反思,已成为当代科学研究的主流倾向,认知语言学派的崛起就是在这样的大背景下在语言研究中的一种体现。沈家煊指出,一个世纪以来,中国的语法学基本上是沿着《马氏文通》的路子,不断借鉴西方的分析法而展开的语法分析几乎成了"语法研究"的同义词。一些大的语法争论都是围绕着能不能分和如何分的问题展开的:先是单位的划分,词和语素、词和短语如何划分?单句和复句如何划分?其次是给划分出的单位分类,汉语的实词能不能分类?如何分法?句法成分分几类合适?主语和宾语如何划分?还有层次分析法、转换分析法、语义成分分析法、"同形异构"的分析,等等。总之,一百年来我们在语法研究上所做的工作可以用一句话来概括:分析,分析,再分析。语法研究的进步基本上就是分析的广度和深度的拓展以及分析方法的改进。分析法的引入大大加深了我们对汉语语法结构的认识,分析的方法对汉语语法也是基本适用的。从语素到句子,汉语也可以分出大小不等的单位;汉语的实词也可以分出不同的类来;句子也可以作层次分析并分出不同的句法成分来。这些分析大致都符合我们对汉语的语感。讲语法,分析是完全必要的,通过分析找出整体的各组成部分的差异确实有助于把握整体的性质。当然,分析法运用于汉语语法确实遇到不少困难,有不少分不清的情形。吕叔湘先生的《汉语语法分析问题》(1979)可以说是对百年来汉语语法分析研究得失、成败的一个总结。

有人说《马氏文通》从一开始就将汉语语法研究引入歧途,我们不这么认为。回顾中国的语法研究,旧时的语法学缺乏精细严格的分析传统,马氏把西方语法分析的方法引入中国,功不可没。说马氏是"中国语法研究的先驱"(许国璋 1991),《马氏文通》"创前古未有之业"(梁启超语),是不可否认的事实。现在我们运用认知语言学的理论和方法来研究汉语,在"分析"的基础上强调"整合"。但讲整合不是简单地回归传统,回到《马氏文通》以前的老路子上去,而是"否定的否定",力求"螺旋形的上升"。具体说要坚持以下两个做法。

(1)讲整合不能否定过去在分析方面的成绩,要在分析的基础上讲整合;反过来说讲整合效应要有利于分析方法的改进。例如我们用“有界”和“无界”这对概念来统摄三大实词类,那是在名词、动词、形容词被分别分析出两个小类的基础上再加以归纳、整合的结果,没有以前的分析就没有现在的整合。

(2)讲整合不能泛泛而谈,到底怎么整合要讲出一些令人信服的道理来。例如不少学者认为汉语注重“意合”,究竟怎么个意合法,我们自己并没有说出什么道道来。西方的语法研究虽然长期注重分析,但是一些有识之士现在已经意识到整合的重要性,对“意合”的研究也已取得不少成果,这一点值得引起我们的反思。心理上“完形”结构的形成是有一定规律的,大致有“邻近原则”“相似原则”“好形状原则”等几条,这些原则在组词造句的过程中同样起作用,对解释汉语的“意合”就很有效。

(二)理论引进的原则“借鉴”与“创新”

汉语的认知语言学研究方兴未艾,具有巨大的空间,研究成果呈几何级数增长,这必将大大推进汉语语言学的进程,是一个令人兴奋的局面。但同时我们也要清醒地看到研究的不足和存在的问题。沈家煊指出了值得注意的两个方面,值得我们深思。

(1)我们的眼光要放宽,知识面和观察面要开阔。这包括两层意思,一是知识不能局限于认知语言学本身,不仅要具备一些哲学、心理学、人工智能方面的相关知识,就是语言学内部,也应该对结构语言学、形式语言学、语言类型学、历史语言学、功能语言学、语义学和语用学等有相当的认识。国外“认知语言学”的创始人原来都在形式语言学的领域里已经有了很高的造诣,是对形式语言学的局限性有了切身的体会才提出新的理论来的。假如我们在形式语言学和结构语言学方面还缺乏相应的知识和训练认知语言学的研究是搞不好的。眼光放宽的另一层意思是观察不能只限于一两种语言,比如从事英语研究的只关心英语;从事汉语研究的只关心汉语;研究汉语又只着眼于普通话,对汉语方言、国内许许多多的民族语言不管不问。作为研究者来说,在精通一两种语言的同时对各种语言的事实要比较敏感,这是很重要的。要探求人类认知和语言的普遍特性,要发现不同民族的认知和语言的不同特点,这两方面都不能离开对多种语言的考察。

(2)要注意理论与实际相结合,特别要与中国语言、中国语言学的实际相结合,这已经是老生常谈了。任何一个国外的理论流派介绍到中国来,都有一个如何与中国的实际相结合的问题。中国的实际包括中国语言学的传统和现状,也包括中国丰富的语言资源,包括历史的和现在的、汉语的和民语的、共同语的和方言的。历史证明,外来的东西只有与本土的实际相结合才有肥沃的土壤,才能开花结果,不然就只能是昙花一现,不能持久。

(三)语言事实的解释"假设"与"实证"

认知语言学派注重对语言事实的认知解释,其中有一个方法论的问题值得探讨,那就是对语言事实的解释,依据"逻辑先后"还是"历史先后"。沈家煊对此提出了自己的见解。他提出一个语言研究的基本原则:共时的理论分析并不因历史事实不符而被推翻。例如吕叔湘先生在《汉语语法分析问题》(1979)中谈到语法的最小单位是选用"语素"还是"词素"时说:"语素的划分可以先于词的划分,词素的划分必得后于词的划分。"吕先生还特别加以澄清这里说的"先"和"后"指逻辑上的先后,不是历史上的先后。"这段话应该这样理解:逻辑上必得先有词才有词素的划分,如先有"信任"一词才能划分出词素"信"和"任"来。但是汉语历史上不是先有双音词"信任"后有"信"和"任"的,而是恰恰相反,先有"信"和"任"后有"信任"。这一历史事实并不能用作证据否定共时的逻辑分析,即先有"信任"一词才能分出词素"信"和"任"。

类似的情形在语言研究中是常见的。例如沈家煊针对"生成语法"主张"王冕死了父亲"是通过移位派生而成的观点,提出它的生成方式应该是糅合和类推。具体说就是认为"王冕死了父亲"是从"王冕丢了某物"这样的句子类推而来的,而类推是通过"王冕丢了某物"和"王冕的父亲死了"这两个构式的糅合来实现的。论文发表之后引起了一些不同的意见,其中主要的一个反对意见是说:"糅合和类推得不到历史事实的支持或者跟历史事实不符王冕死了父亲"这种句式出现之前好像还没有"王冕丢了某物"的说法,先出现的构式不可能以后出现的构式作为类推依据。其实这里所说的"生成方式" 有特定的含义,是指共时研究中假设的组词造句的抽象机制,不是指历时研究中某个词语或句子产生和形成的具体过程。用"糅合说"来取代"移位说"是共时研究中对句子"生成"的一种假设,即假设逻辑上先有"王冕丢了某物"和"王冕的父亲死了",而后才有"王冕死了父亲"。这一假设并不因为历史上"王冕丢了某物"可能比"王冕死了父亲"晚出现而被推翻,因为参与糅合的两个成分实际是两个概念结构,我们只不过是拿"王冕丢了某物"和"王冕的父亲死了"分别当作表达这两个概念结构的典型的语言形式而已。

上述案例说明的是一个问题的两个方面:一方面共时研究提出的假设除了要有充分的共时证据和合乎逻辑的论证,最好也有历史材料的佐证;另一方面共时研究提出的假设并不因为缺乏历史材料的佐证或跟历史材料相悖而被推翻,因为也许我们一时还没有发现这种佐证而已。就两种"先后"来说,逻辑先后最好跟历史先后相吻合,但是并不因为与历史先后不合而被否定。

(四)语法研究的目标"解释"和"预测"

"认知语言学"认为,形式和意义之间的关系既不是完全任意的,也不是完全可以预测的,而是一种"有理据的约定俗成"。为此,沈家煊明确指出:对语法结构可以做出充分的解释,但只能做到不完全的预测。

语言符号及其序列都是形式和意义的匹配,但形式和意义之间既不全是一一对应的关系,也不全是毫无对应的关系,而往往表现为一种"扭曲关系"。造成这种扭曲关系的原因之一是语言演变,即形式和意义演变的"不同步":形式的演变滞后于意义的演变,形式发生演变之后旧有的意义还会部分保留。语言的演变永不停顿,形式和意义之间的扭曲对应就是常态。既然形式和意义之间往往是部分的、不完全的对应,那么我们也就能而且只能对语法现象做出部分的、不完全的预测。这种部分的、不完全的预测可依靠单向蕴涵式来表达:

X → Y:如果 X 为真,那么 Y 也为真;反之则不然。

比如汉语"的"字结构转指中心名词的种种语法现象,可以用一个认知的"概念转喻模型"做出统一的解释,具有较强的概括性(参见沈家煊 1999)。但是我们仍然不能做到完全的预测,具体说在概念转喻模型中,凸显的概念才能来转指不凸显的概念，但语境能改变概念的凸显程度，例如：

a. 我的眼睛大，她的不大。　　b. 我的眼睛比她的大。

a. 瑞宣的手很热，她的冰凉。　　b. 瑞宣的手碰着了她的，冰凉。

虽然都是比较对照，但两个“的”字结构（如“我的”和“她的”）在 a 句里分处在两个小句中，在 b 句里共处在同一小句中。两个成分处在一个单句中要比分处两个小句的距离近（指实际距离和心理距离），因此一个对另一个的影响力大，容易影响另一个的凸显度（参见黄国营 1982）。我们虽然不能绝对预测一定的语境是否一定能允许某一转指，但我们也可以用一个单向蕴涵式做出一种弱预测：对上述句式而言，如果 a 这样的句式允许转指，b 这样的句式一定也允许转指；反之则不然。

语言研究不可能做到完全预测，这是语言学这门科学的研究对象的性质所决定的。凡是复杂和开放的系统都无法做到充分的预测。语言是一个复杂系统，是许许多多方面的因素互相作用和综合的结果。复杂系统永远也不可能达到均衡的状态，它总是处在不断展开、不断转变之中。如果这个系统确实达到了均衡状态或稳定状态，它就变成了一个死的系统。语言也是个开放系统，处于不断的演变之中，语言的形式和意义之间因而是一种不完全的对应的关系。跟气象科学、进化科学、地质学和天文学一样，语言虽然不能做到完全的预测，但仍然不失为一门科学。

第二章　二语习得概论

第一节　研究背景

第二语言从概念上来讲是针对第一语言即母语而言的。从字面意思上来讲，第二语言指的是学习者在习得母语之后又学习使用的其他语言。二语习得领域的研究通常被认为始于20世纪60年代后期，这意味着该学科仍然是相对年轻的科学。现代第二语言习得的研究是指在正规的指导下不论是儿童还是成人对非本族语言的学习与发展。其中的“第二”也可以指第三、第四语言等，“语言”包括方言，“习得”包括语言的磨损和损耗。虽然二语习得领域迅速扩大，并在过去50年中逐步多元化，但研究二语习得的主要动机依然保持不变。目前至少有6个广泛的学术和专业领域的参与者对二语习得的研究有兴趣，但大多数研究人员通常只专注其中的一两个领域，却忽略它在其他领域的应用。

二语习得理论是科学系统地研究二语习得现象的理论。一个学科形成的初期，至少有以下几个特点：一是学科意识明显；二是学科内涵相对一致和明确，并且有较完善的理论基础；三是学科系统相对完善。笔者对二语习得研究做了一个粗略的时间划分，具体描述不同时期的研究概貌，探讨不同时期的研究特点。

从20世纪50年代末至20世纪60年代后期的特点是：寻找理论基点，形成对比意识。Lado首先提出了一种语言对比研究的体系，即在语言的不同层面（音位、语法、书写和文化等）上系统地、逐一地对比第一语言和第二语言；对比的研究方法基于语言迁移假说，同时其研究目的又是解决阻碍第二语言习得的迁移（即负迁移）。围绕着Lado的研究和观点，这个时期出现了大量类似的研究。例如，有的学者对比语言本体和语言的文化属性，找出两种语言的异同；有的学者从教学和学习的角度来研究语言差异及其迁移对教学和学习的影响；还有的学者探讨迁移心理。这些研究的一个根本目的就是通过对比来预见第二语言习得的困难，认识困难的性质，并且采取相应的措施克服困难。综合来讲，对比分析的基本观点就是：①学习者在学习中所经历的水平难度和两种语言的差异程度直接相关；②差异大则难度大；③难度直接造成语误，难度大，语误则频繁。对比分析法的理论依据是早期的行为主义理论。首先提出的就是经典性条件反射理论，认为，人类的行为都是后天习得的，环境决定了一个人的行为模式，无论是正常的行为还是病态的行为都是经过学习而获得的，也可以通过学习而更改、增加或消除。在新行为主义中另有一种激进的行为主义分支，认为强化训练是解释机体学习过程的主要机制。

20世纪70年代中介语系统描写时期的特点是：结合对比成果，探索二语本质。行为主义理论语言习得观的中心内容就是，学习一种新的语言就意味着建立一种新的习惯，人的语言意识的形成依赖外界的反复刺激。如果说行为主义理论是外在论的话，那么转换生成就是内在论。正常儿童在五六岁时就能自如地运用母语，对语言的掌握似乎毫无困难，而学习第二语言却困难重重，这种“奇怪”现象吸引了许多学者把注意力放在对第二语言本质的研究上，他们研究得出的一个共同结论就是：第二语言是一种中介的、暂时的语言体系，故而将这个时期称为“中介语系统时期”，以反映研究内容。在母语习得研究领域里，有研究者提出了“独立语法假设”这一重要概念。这一假设认为，儿童语言和成人语言之间存在着差异，不能把成人使用的语言作为评价儿童语言的标准，也不能认为儿童语言存在着缺陷。实际上儿童使用的语言是一种不同于成人语言的另一种语言，其具有独立的语法体系。“独立语法假设”最大的意义在于，它让研究者清楚地看到，把研究的重点放在第二语言和第一语言的对比上的做法无论是在理论上还是在实践上都过于简单，所以人们又开始探索新的理论来研究第二语言本身。20世纪70年代是这种研究的全盛时期，出现了重要的描述第二语言的“中介”属性的理论。

第二语言学习者在某一特定时期所掌握的语言体系，既有别于母语体系，又有别于目的语体系，是一种逐步靠近目的语言的“中间”语言体系，被称为“近似体系"。"中介语"这个术语作为一种描述第二语言学习者语言的概念被学术界接受并确定下来。中介语的含义接近"近似体系",也认为第二语言学习者语言中许多成分既不来自母语,也不来自目的语,而是在大量接触目的语材料的基础上学习者构建出的自己的语言,并且通过归纳和推理形成一种中介语体系。在这个时期还出现了基于上述理论框架的具体语言项目习得的研究,它们主要是对第二语言习得顺序展开的研究,其目的是揭示语言本质的普遍意义。对习得顺序的研究主要集中在语法结构的习得顺序和词素的习得顺序上。这种研究不仅具有理论意义,而且还具有很多实践意义。比如,它有助于人们更好地认清两种语言结构的异同,还能帮助人们了解不同的语言认知心理。

20 世纪 70 年代末至 80 年代末习得过程描述时期的特点是:吸取个性研究成果,展开共性研究工作。在中介语系统描写时期,对第二语言习得的研究多数是局限于作为第二语言的英语,而没有更多地考虑到作为第二语言的其他语言,因而这些研究成果的结论,特别是对语素的研究结论,不具备普遍意义,难以推广到其他语言;此外,这些关于语素的研究并没有跟语法研究很好地联系起来,语素在一定的程度上被孤立了;另外,还有学者认为,即使学习者在习得英语语素中确实存在着不受母语影响的共同习得顺序,也并不意味着在习得较为复杂的语言结构中,同样存在不受母语影响的共同顺序,所以母语对第二语言习得的影响仍然是不可忽视的。因此,对共同顺序的描述是必要的,对共同顺序的解释也是必要的。那么,对语言结构的普遍性解释和习得心理的普遍性解释就成为这个时期研究的重点和特色。我们拟从对语言结构的普遍性解释、习得心理普遍性的解释、语言迁移研究和中介语变异性研究等内容着手,综述这个时期的研究概况。

进入 20 世纪 80 年代,语言学理论和第一语言习得理论取得了突破性的进展,为第二语言习得理论研究提供了基础。人们已经不满足于对第二语言习得的一些现象的描述,而是逐步地使其研究工作走上了解释的道路,其中最根本性的研究就是解释语言究竟是如何在大脑中产生的。在第二语言习得研究中,对语言普遍特征研究最能说明问题的、最值得关注的是"标记"问题研究。在语言类型学中,"标记"是一个相对概念,它反映了语言成分的蕴含特征。另一方面,也应该看到语言形态学研究的不足之处，它在第二语言习得研究中的很多结论只是推导出来的。例如，绝大部分语言中否定词用于动词之前，同时在第二语言习得初期，学习者倾向于把否定词置于动词之前，不管其母语的否定词是位于动词之前还是动词之后。于是，人们就从这个研究中推导出否定词前置是无标记的，进而推导出无标记结构习得先于有标记结构习得。通过对中介语做了系统研究后，“重新”发现了中介语假设的许多构成要素，诸如“训练策略”和“简单化以及复杂化策略”等。Ellis 对此领域的研究成果也进行了一番总结，认为“现在许多理论家把中介语用于不同的意义，如用于中立理论意义，因而可以把它的含义概括为学习者所形成的、随着时间推移而系统地修正的第二语言隐性知识系统”。

20 世纪 90 年代至今进入理性分析时期，即进行思索与探索，寻找目标与结论。“习得过程描述时期”的共性研究成果很多，都是从不同的角度探索第二语言习得具有共性意义的本质，以便形成具有一般意义的认识。在这个时期出现了大量的实证研究，有的验证前人的结论，表现为定量分析；有的展开新的探索性实证研究，表现为定性分析。所以这个时期并没有明显的、有较大影响的理论出现。思索、探索、追求的过程往往就是这样的。

第二节 研究目的

在我国，二语习得研究领域还没有形成立足于我国本土实情的理论体系，尽管我们一再强调要建构本土化的二语习得理论，但在理论上仍盲目跟从国外的新理论、新趋势，而忽视立足于我国环境的基于实证的理论建构。在我国，二语习得研究还不是一门独立的学科。以此为思路，着重研究探讨如下内容。

（1）近年来，国内学术界一直提倡构建本土化理论，这一提法的初衷是好的，它强调原创性研究，但在强调构建本土化理论的同时也凸显了全球化理论的概念，势必会产生这样的一种误区：国外的理论就是全球化的，国内的各家学说就是本土化的。客观上讲任何一种理论尤其是社会人文科学的理论都是本土化的。在研究中国学习者的外语学习动机时，我们首先要考虑的问题是，Gardener 的动机理论是不是全球普适的外语学习动机理论？我国主要地区基本上都是单语环境，我国学生的外语学习主要是发生在课堂环境下，因此融合型动机概念就不一定适合我国学生的外语学习动机，因此也不能把它全盘照搬过来进行本土验证或本土化。而在我国少数民族地区，大多数学生除了掌握本族语言外还要学习汉语，因此用 Gardener 的理论来研究学生的汉语学习动机似乎更合适。任何理论都是本土的，只有科学的研究范式是普适的或全球的。在讨论国外的二语习得理论时，应该把重点放在二语习得研究的科学研究方法和操作程序上。对国外的理论要学会批判地吸收，既不能把理论、模式和假设混为一谈，又要弄清楚理论和模式产生的背景，这样才能找出适合我国具体环境的二语理论模式。

(2)国内二语习得一直是挂靠在外国语言学及应用语言学名下的，学生也很少接受二语习得研究的系统训练，他们对二语习得理论只是一知半解，无法掌握二语习得的理论精髓。在培养学生的模式上，国内历来都对理科和文科有严格的区分，语言学领域的学生很少接受过严格的科学思维和研究训练，因此在具体的实验研究和数据处理环节比较薄弱，科学研究功底的不足造成了难以产生基于实证研究的理论构建，这也造成了对国外理论不加批判地照搬。如果不建立严格的科学标准和范式，必然会导致学术造假甚至抄袭。科学研究范式有两种含义：其一是指广义上的学术研究范式特征，是作为学生、教师和科研人员应具有的基本科研素质；其二是指狭义上的二语习得研究范式，从事二语习得研究的人员应该对本领域的学科属性、理论体系和理论评价标准有深刻的理解，并在具体的研究中共同遵守。建立我国二语习得研究范式还意味着，二语习得研究要立足于我国学习者的具体情况，同时还要具有全球化视角，这样形成的二语习得理论才会既有原创性，又有全球普适性。由于科学发展的局限性，我们现在还无法站在一个更高的高度窥其全貌，这表明了人们对二语习得现象认识和理解在不断深入。虽然二语习得研究作为一门学科已经逐渐成熟，但是要发展成为一门真正意义上的学科还有很长的路要走。

第三章　二语习得研究

第二语言习得研究作为一门独立的学科始于20世纪60年代末70年代初,其理论体系的构建是以描述二语习得过程和解释二语习得特征为主要目标的,全球范围内的二语习得研究蓬勃发展。自20世纪80年代中期二语习得研究在中国开始起步,国内在这个领域的研究也已经历了30余年的发展历程。中国的学者此间在二语习得理论与实践的研究和探索中付出了不懈努力,为二语习得研究的发展做出了积极贡献。因此,本书认为有必要对中国二语习得研究的状况进行概要的回顾与总结,并对其前景进行展望。

第一节　二语习得理论研究

由于对二语习得现象的理解和认识视角不尽相同,二语理论研究者建构了不同的二语习得理论,形成了不同的学术流派。另外,在众多二语理论中经常出现主义、理论、模式和假说及它们之间层级关系的混同。国内二语习得研究的起步比西方晚,如何消化和吸收国外众多的二语习得理论,如何解释我国学生二语习得现象并提出基于我国具体环境的二语习得理论便成了我们面临的挑战。本书认为,要迎接这些挑战,首先要客观地梳理和评价二语习得研究的思想根源,进而建立二语习得的研究范式。当前理论纷繁复杂,这虽然是不成熟学科不可避免的局面,但确实很不利于学科的发展。本书希望通过反思理论建设问题,促使理论促进学科的发展,最终达到理论统一的目的,从语言学、心理学、社会学层面解读二语习得现象。下面就二语习得理论建设的几个基本问题进行阐述。

一、二语习得的心理认知

第二语言习得一直是认知科学中的主题。各种对于二语习得过程的理论演变，一直是多年来争论的话题。对于认知和语言发展的述评一直争论不休，本书从认知信息处理的角度来研究 L1 和 L2 习得过程并提出了 SLA 的认知过程模型，并对该模型的教学启示进行了讨论。

（一）概述

第二语言习得的研究通常被看作基于第一语言习得研究的。事实上，人们也常用第一语言习得研究来解释第二语言习得中的现象。然而，除了相似之处以外，现在有一种普遍的共识，即在 L1 和 L2 之间存在着重要的生物学和认知差异。在试图推进的普遍的二语习得理论中，Bialystok 描述了三种语言习得的研究方法即神经语言学、语言学、心理语言学。Bialystok 的观点认为，神经语言学是最成功的解释语音习得过程的方法，而语言学和心理语言学的研究方法分别对句法和词汇系统习得做出了最好的解释。以上方法都对普遍的语言习得理论的形成提供参考。Bialystok 就这三种方法对二语习得的研究概述的阐释令人信服。然而，从某种角度而言，本书认为在二语习得过程中的本质即是认知，如果对二语习得的研究不从认知的角度来分析，那么分析是不全面的。本书认为当代认知心理学强调信息处理和认知能力，二语习得作为认知的一个分支，对二语习得过程研究具有重要的作用。在认知和语言的发展的理论讨论中，批判性的评论是符合时宜的。针对概述母语和二语之间的差异，本书尝试从认知信息处理的角度探讨二语习得过程，希望从更多的维度，对二语习得进行清晰的解释。

（二）认知和语言发展

二语习得是认知理论的中心课题。每种理论的认知都对各种二语习得的现象进行了解释，但这一直是个有争议的问题。认知可以定义为“了解我们经历的心理过程，如感知、回忆和推理”，它被认为是对语言发展的有趣见解。Owens 的 4 个主要理论确定了一系列认知与语言之间可能的关系，这 4 种理论主要是认知论、语言决定论、角色互换论和独立理论。而认知决定论主要代表 Piaget 认为认知是一种生物成就。一个人的语言发展主要取决于其认知发展。换句话说,语言是思想的载体,是用于表达思想的工具。与认知决定论相反,语言决定论认为语言对思想的影响起主导作用。萨丕尔—沃尔夫假说认为,个体概念对事物的分类决定一个人母语的全部或部分结构和词汇。这一假说是不被大多数语言学家所接受的,有些语言学家立即指出,这种假说"对语言起源的谈论比语言对文化影响的谈论要少"。角色互换理论来源自 Vygotsky,他认为,认知和语言开发在早期的两岁以前是分开的。两岁以前的孩子不需要语言来表达思想,而早期的语言也不是根据思想而存在的,也可能是基于视觉和听觉的想象。两岁以后,认知和语言交织在一起,相互依存,孩子开始使用语言来表达思想并通过认识问题进行判断推理。另一方面,通过认知的逐渐成熟,儿童的语言随之发展。以这种方式,两个领域彼此促进发展,彼此交换角色。

而以上的理论在不同程度上表明认知和语言发展之间的相互依赖。而第四理论认为认知与语言之间没有关系,这两个领域的发展和产生的作用都是独立的。这一理论的提出者是 Chomsky。他认为语言是一种人与生俱来的能力,是设计独特的遗传编程心理机制的语言习得装置。

上述四个理论观点从各自特定的角度,给我们提供了充分的思考空间。然而,现在普遍认为,在某些阶段和在某种程度上认知与语言发展在本质上是交织在一起的。人们了解自身和所谈论的环境,当他们谈论自己和周围的物质世界时,认识得到发展。本书认为,这是二语习得的特别情况,如果我们考虑事实的话,那么二语学习者通常是成年人,他们的认知能力和资源比母语学习者更成熟和更丰富。双语环境下年龄较小的二语学习者则需要不同的理论交织在一起的指导。

(三)二语习得认知信息处理

为了阐明二语习得认知过程,似乎有必要先讨论二语习得的特点。在比较母语和第二语言的习得中,Bialystok 明确地指出"生物和认知之间的平衡发展对母语学习和第二语言学习产生影响"。在母语习得中,大部分的语言发展都是先天的生物因素,音系到句法再到语义的重要性在下降。另一方面,在二语习得中有意识地学习尤为重要,显著扩大了认知干预范围。可以说,成年人学习第二语言具有一些认知优势,但我们也应该意识到缺点同时也可能伴随而来。首先,语言是非常复杂的,在有限的语言输入条件基础上,学习母语的儿童不会花费太多的力气。虽然他们的理解力还很差,但儿童通过模仿、试验和不断犯错来学习语言。因此可以说,没有受过任何语言训练的常人至少也可以讲一门语言。但是这种情况并不适合二语学习,二语学习者需要经过专门的训练并且有意识地经常性学习。如果二语学习者知道"为什么学""学什么"和"如何学"的话,他们会学得好,这是明显的优势。其次,第二语言学习往往是非同源性的,这并不意味着学习现有认知符号。这些模型来自一个共享的文化,构成了我们所理解的生活环境,塑造出我们的心理表征的典型人、事和物。而且,学习母语的儿童有着不同的认知世界,与二语学习的成人相比,儿童头脑中的单词和概念都只具有狭小的含义和用法。所以第二语言的学习有可能构建新的认知模式或修改旧的模式。因此,区分可能存在于母语和目标语认知过程中的差异是非常重要的。当涉及目标语言的文化和社会元素时,无疑会对学习者的认知产生很大的影响。最后,是关于一个人的陈述知识。这类型的知识,通常被称为"模式"或"框架",并应用于人工智能,代表着对抽象意义的长期记忆,而不是精确复制特定的事件或特定的语言文本。当被激活的信息引入工作记忆时,模式或框架将有助于我们理解新信息。外语学习中,学习者内化的母语模式与目标语言可能非常不同,这种类型的模式显然对语言习得有帮助,但是它也可以阻碍语言习得过程。这些属性将反映在外语学习者的中介语的发展中。基于上述对二语习得特征的讨论和借鉴 Skehan 语言习得模型,本书从信息处理和认知的角度提出以下二语习得的想法。

心理构造由 Schmidt 提出。Schmidt 认为,学习者注重输入便可以在记忆中进行处理。然后激活并与长期记忆的知识相互作用,获取意义。与此同时,信息的获取通常受到二语学习者各种因素的影响,这些因素包括他们的能力、需要、兴趣、动机和普遍的处理能力。当然,还有其他变量,如社会语言学等因素。在二语习得中,信息量的获取必然受到学习者母语的影响,并且这种影响会在母语中转移。在这个过程中,二语学习者的中介语构建和使用将产生口语和书面语的输出。输出并不被视为一个精确复制的输入。在二语习得过程中,外语学习者似乎积极参与构建规则来引导他们对可用资源的输出。

(四)结论

认知信息处理模型可能非常有价值,因为它不仅包含非母语英语课程,而且更广泛地影响二语习得教学普遍教学方法。对于 SLA,更应该努力发展学习者的过程性知识,也就是说,运用学习者的认知能力来执行各种心理过程,例如学习者的理解能力和生成语言解决某些问题的能力。教师应根据学习者使用语言、使用频率和经验,确保学习者有意识地进行下一步输入。当设计教学任务旨在使学习者进行有效的沟通时,对学习者处理资源的能力也应予以考虑。在接受教学和技能产出过程中,活动安排旨在激活背景信息。然而仅执行一些活动,如课前阅读或预听练习是不够的。学习者不但要意识到这种类型活动的目的,而且也应对二语学习者与母语学习者之间的认知差异有所了解。他们往往在元语言和元认知方面更有能力,因此应该训练他们对输入信息处理的技能。

从第一语言习得中可以明显看出,语言发展的有效性与学习者的内在学习动机密切关联。儿童学习是因需要或感兴趣,在二语习得中尤其如此。需要引导学习者对相关事物的学习,这种相关性增加了他们的学习动机和兴趣。可以说,个人相关性是一个在发展学习者的认知和语言功能中具有相当意义的内在决定因素。在这方面,以 ESP(English for Special Purposes,英语为特定目的)为例,为了确保 ESP 的课程成本效益和整体的成功,需要对 ESP 从业者进行分析。然而,在普遍的英语课程中,该问题通常没能得到认真对待。语言习得取决于满足学习者需求的动机,这在本质上与学习者个体有关。为了促进第二语言习得,本书认为学习者的需求和兴趣及课程的相关性对教学决策的实施均起到指导作用。

二、二语习得的社会认知

(一)概述

二语习得自 20 世纪后半叶诞生起,受到认知主义心理学的左右,遵循心灵主义,认为二语习得的过程是自然生长的过程,有自身的发展路径;二语学习者的错误,也是发展过程中的错误,错误分析成为关注的对象。特别是后来随着转换生成语言学的发展,普遍语法理论在二语习得中的应用研究也越来越多,形成二语习得的认知派,这也是目前二语习得研究的主流学派。但随着功能主义语言学和会话分析理论的诞生与发展,人们认识到社会语言活动对语言习得的重要作用,借鉴母语习得中的"母亲说话腔"现象,从"外国人说话腔"特征分析二语习得者同本族人会话对二语习得的作用,二语习得的社会派逐渐形成,并发展成为批评认知派的强劲力量。同时,在认知科学发展中,有一个流派越来越引起人们的关注,其理论前提是人的认知是在特定的社会情境中人与人交互、人与情境交互产生的,即情境认知。这将认知从个人大脑发展推进到社会情境中的交互活动,将认知与社会结合起来,形成社会认知学派,并在二语习得研究中得到一系列的应用。目前,国内对于二语习得的社会认知学派介绍较少,而且在对待社会文化理论的归属问题上也存在分歧,有人将其归入社会学派,也有些人将其归入社会认知学派。所以有必要对二语习得的社会认知学派进行详细介绍,厘清其来源,明确其主张,探讨其应用。

(二)社会认知主义取向的发展背景

从二语研究认识论和历史发展的视角考察,二语习得的主要理论框架可以概括为三种认识论取向:结构行为主义、心灵主义和社会认知主义。早期的二语习得研究建立在行为主义的刺激—反应理论和结构主义语言学基础上,把语言学习的过程视为习惯的形成,在语言教学中提倡通过句型操练培养语言行为、巩固语言习惯。视听法是当时比较典型的以行为主义为基础的教学法。由于行为主义忽略了学习者个体的认知能力和主观能动性,以行为主义为导向的语言学习理论在 20 世纪 60 年代后期受到了认知主义学习理论的挑战。心灵认知主义理论视角下的二语习得研究重视学习者的认知心理,认为语言学习是复杂的、动态的思维过程,而不是简单的模仿和重复。在语言学领域,普遍语法理论对语言习得研究产生了深远的影响,语言学习调动的是人的大脑内部机制,而不是对外界环境刺激的简单反应。这个阶段的二语习得研究主要从学习者的语言错误和中介语入手,探索语言习得的内部机制以及二语的基本特征和性质。认知主义对二语习得研究的发展具有深远的影响,到目前为止,基于心灵认知主义的二语习得研究仍然是二语研究的主流。

20 世纪 80 年代以来,语言习得的社会性和情境性日益受到重视,二语界出现了与传统的认知派持不同主张的社会派。社会派批判了认知派对个人认知主义过于依赖的研究取向,主张重新思考二语习得中很多重要的理论概念,包括中介语、本族语者、语言习得和语言使用的关系等,呼吁重视二语学习的社会属性。

经过多年的论战和磨合,很多二语研究者认识到认知和社会视角都是研究二语习得的重要角度。两者虽然存在很多差异但可以互为补充,如果把两者结合起来能够为二语习得研究开辟新的研究路径,有助于全面理解二语习得的复杂性。基于这种认识,二语界出现了社会认知主义取向。社会认知主义取向有机融合了认知和社会两种视角,采用一种整合的方式把学习过程中的认知和社会对立关系重新阐释为对话关系,在学习者的内部和外部世界之间搭建了一座桥梁。社会认知主义取向下的二语习得研究突破了传统研究对语言学习者个体心理过分关注的局限,重视学习发生的社会文化情境因素以及学习者的主观能动性、身份认同等方面,以多元化、情境化、生态性的方式探索二语习得的重要问题。

(三)社会心理学依据

1. 社会文化视角

人是语言习得的主体,而语言作为文化的载体必然带有社会的烙印。没有人与人之间的社会文化交流就没有语言习得的可能。从社会文化对语言习得者的影响来说,最恰当的词还是"社会认知",人的社交活动作为社会文化认知能力发展的主要途径,是通过有意识的言语过程完成的,因为语言具备无限的理解功能和表达功能。倘若不是因为人的社会需求和爱好及经济发展的原因,就不会有任何语言产生,也就不会有过去产生的任何语言之类的东西让今天这么多的人都来习得。思维过程并不存在于内在结构,而在于思维本体(人)与客体之间的交互作用中。"社会文化理论的最基本观点是人脑的媒介化",在社会文化的框架下,语言学习者是学习环境的主动营造者。

2. 社会化依据

人的社会化作为一个必然的发展过程，意味着人必须成为某个社会、某个社团或某个群体的成员。社会化是语言习得者预期的思维、情感及行为方式的隐蔽或公开交互作用的体现。第二语言习得的语言社会化观点强调语言习得的社会文化环境化，通过社会的交互作用，人们在社会文化背景中获得语言运用能力。语言社会化讲究“通过语言实现人的社会化”和“人通过社会化来习得和使用语言”的互补，涉及教育学、社会学、人类学和心理学在社会群体内研究社会和语言能力的理论。从20世纪90年代开始，语言社会化的观点开始在第二语言习得研究中得到运用。

3. 身份特征观点

社会化的过程是人的身份不断变化的过程，人在不同的社会群体中，必然具备不同社会成员的语言和其他有关身份特征。不管是用种族、语言还是其他的方法来定义，人的社会身份特征是人对某个特定社会或群体的归属感。对这种身份特征的讨论在20世纪90年代备受关注，这一观点对第二语言习得原理的解释具有重要的心理学意义：有利于揭示语言习得者社会化过程中的各种关系。身份特征理解虽因人而异，但也只是措辞不同而已。人的自我意识源于自己作为一个社会群体的成员并对其依恋的情感的认识。社会同一性在很大程度上是通过语言建立并维护的，同时通过语言实践创造的社会同一性可以拓展到民族同一性，包含了性别社会同一性和种族交互作用中的社会阶层。人的社会身份特征不是一成不变的，而是波动的、变化着的，是通过带有语境的语言、通过各种途径生成并体现出来的。语言习得者处在不同的社会环境中，因而也不是静止的，即使在个体的交互作用框架下也不例外。因此，发展这种集语言习得者和语言学习与习得的良好环境于一体的社会特征意识对第二语言习得及其研究均有重要意义。

（四）社会认知主义取向的主要理论

社会认知主义理论取向在发展的过程中受到很多理论的影响，以下对其中主要理论的核心概念及其对二语习得研究的影响加以概述。

1. 社会文化理论

社会文化理论主张学习是一种发生在特定的社会文化情境中的动态的社会活动。与行为主义或心灵认知主义不同,社会文化理论认为人类的认知源于社会生活,社会文化环境在认知发展中起首要作用。该理论的主要代表人物是 Vygotsky,从 20 世纪 80 年代中期起,二语界开始利用社会文化理论进行二语习得研究,主要运用的概念包括中介、最近发展区、支架、自我语言和微观起源等。基于社会文化理论的二语习得研究认为,语言学习和其他高级心理机能的发展都是在社会文化环境提供的各种文化制品(语言和其他符号工具)的作用下逐渐内化的过程,学习者在最近发展区内通过活动的形式进行互动,实现语言等外部文化产物的内化。

2. 情境认知和学习理论

情境认知和学习理论强调语言学习的情境性,主张认知是个体与环境交互的产物,其主要理论模式包括语言社会化和实践共同体。语言社会化是指儿童或初学者通过语言形式的学习实现社会化,并接受相应的价值观、行为方式和社会习俗,成为有能力的社会成员的过程。在二语习得研究中主要关注学习者如何在语言学习过程中实现社会化以及社会化对语言学习和使用的影响。实践共同体是情境学习理论的重要概念,其核心是"合法的边缘性参与",即学习的过程就是从边缘参与者逐渐成为完全参与者的过程。实践共同体理论模式下的二语习得研究重视二语学习者的社会文化历史经历对学习的影响、学习者的身份认同建构及学习者通过发挥主观能动性积极参与和改变社团原有的面貌。

3. 建构主义

建构主义的基本主张是学习不是知识的简单传递,而是学习者在一定的情境即社会文化背景下,基于已有认识和经验基础上主动进行的意义建构。学习是一个积极主动的建构过程,个体的认知发展受三个过程影响:同化、顺应和平衡。学习的过程就是通过同化和顺应的方式把外部的刺激融入个体的认知结构以取得与外部世界平衡的过程。建构主义学习理论的"情境""协作""会话""意义建构"四大要素以及以"学"为中心的理念对外语教学具有重要的指导意义,通过创设情境和任务,开展师生、生生交互活动,进行语言输出和实现意义协商等途径,可以有效激发学习者的学习兴趣和主观能动性,培养学习者的外语交际能力。

4. 后结构主义

后结构主义其核心主张为意义不是固定不变,而是由社会话语和实践灵活建构的。后结构主义对二语习得研究的主要启示意义在于揭示了语言习得与自我的关系。近几年来,我国学者高一虹①对中国外语学习者的自我认同建构和发展进行了一系列研究,开辟了中国语境下二语习得研究的新视野。

5. 对话理论

进入 21 世纪后,对话主义对二语习得研究的影响逐渐显现。对话理论的核心概念是"表述",所有表述都具有对话性,语言的本质也是对话。语言观对二语习得研究的启示在于,语言具有动态性、互动性和情境性,语言习得发生在社会互动的基础上,在外语教学中要注重学生和课本、教师、语境等的互动关系,要努力创建师生关系平等的对话课堂。

(五)社会认知主义视角对二语习得研究的启示

社会认知主义视角提倡新型的学习观、教学观、教师发展观和科研观,为我国的二语习得理论和实践发展提供了重要的启示。首先,在学习观方面,社会认知主义理论视角认为学习具有互动性、情境性和社会性。学习不是发生在人脑的"黑匣子"内部,而是发生在学习者与环境的互动过程中。社会情境是学习者认知发展的重要资源,语言学习者带着不同的先前经验、需求和偏好,进入由教师和同伴构建的学习共同体,在学习共同体内沟通与交流,分享学习资源,完成学习任务,在合作与互动中掌握语言能力和文化意识,逐渐从新手成为能够顺利实现交际功能的成功外语学习者。在这个过程中,学习者需要充分发挥主观能动性,在与环境的互动对话过程中建构自身的知识结构和身份认同。

在教学观方面,社会认知主义视角摒弃了传统的以教师为中心和知识传递的教学观,但也不完全等同于以学生为中心、依靠学生自主探索学习的教学观,而是

① 胡文仲,高一虹. 外语教学与文化[M]. 长沙:湖南教育出版社,1997.

主张在两个极端之间取得平衡，既重视学生的“学”，也重视教师的“教”，这与《国家中长期教育改革和发展规划纲要（2010—2020 年）》中提倡的以学生为主体、教师为主导的思想是一致的。在以学生为中心、自主学习、探索式学习等口号弥漫在外语教学领域的今天，社会认知主义视角提供了一个更符合我国外语教育现实的选择，即在弘扬优秀外语教学传统的基础上有选择性地吸收西方现代外语教学理念，采取兼收并蓄、各取其利的灵活做法。在社会认知主义视角下，教师和学生本身都不再是关注的焦点，教学的重点应该是教师设计的高质量的教学活动、教学资源以及和谐健康的教学环境，这些是促进语言等外部文化产物内化的保证。同时，传统的教师和课堂等概念也需要重新定义，教学者与学习者之间并不存在绝对的区别，学习者自身也可以为其他学习者提供学习机会，在“最近发展区”内互为支架、共同学习；学习在传统课堂之外的其他社会情境中也可以发生（如网络空间），大课堂的概念更符合全球化背景下的外语教学新形势。

在教师发展观方面，社会认知主义视角把教师视为教学的学习者，主张教师教育与发展的核心任务是促进教师学习。新型的教师学习观的核心并不是帮助教师掌握具体的教学理论和技能，而是培养教师的反思能力和自主专业发展能力。这是因为在后方法时代，并不存在一种放之四海而皆准的外语教学法，不同的学生群体、课堂环境、教育政策、社会文化等因素都要求教师必须根据教学情境的要求灵活选取最恰当的教学方法，这对教师的知识和能力提出了更高的要求，外语教师教育和发展项目必须顺应形势的变化，把培养外语教师成为具有终身学习能力的自主发展主体作为新的培养目标。同时，在学习教学的过程中，教师要善于利用各种中介工具实现认知发展。这些中介工具包括文化产物和活动（如教材、大纲、培训）、科学概念和理论（如二语习得理论和教学理论）、社会关系（如师生关系、同事关系）。这些中介工具会促进教师在日常经验基础上实现学科知识理论的内化。

在科研观方面，社会认知主义理论指导下的二语习得研究在内容上不再局限于孤立的学习者个体，而是把学习者置于特定的社会文化情境中，考察学习者如何在与情境的互动中习得语言，研究范围从以往的学习过程、认知风格、语言产出等语言和认知因素扩展到学习者的情感因素、身份认同和学习发生的情境因素。在研究方法上力求有机结合定量和定性研究方法，在认知和社会两种取向、主位和客位两种角度之间取得平衡。实验法和统计分析仍然在二语习得研究中占有重要地位，但不再是主导地位，因为个案分析等定性研究方法为探究真实的社会文化环境、课堂环境、学习主体与环境的互动提供了更为合适的选择。未来的二语习得研究将见证更多的混合设计，定量和定性相结合的研究设计有助于深入回答研究问题，真正理解二语习得的本质。

三、二语习得的语言学认知

（一）社会语言学

社会语言学基础从本体研究的角度来看，可纳入自然科学；但是从应用的角度来看，它是一门社会科学。一种语言的每一个使用者也是该语言社团的成员，个人的言语在很大程度上取决于他的社会环境，反过来说，从他的言语中可见其社会环境状态。社会语言学关注的是语言和社会之间的关系，旨在研究语言交际过程中人类言语行为的表现，揭示语言、社会、文化等相关因素之间的互动关系，建立一种理论模式，从而充分解释和描述语言内在机制与语言外部因素的相互作用，达到促进语言的发展和变化之目的。作为社会认知理论产生的一个重要基础，以下三种社会语言学的观点对语言习得及其研究具有人类学意义：文化适应理论、语言调节理论、话语理论。

（1）文化适应理论所强调的是“文化适应”，从而为二语习得研究提供了语言与文化有机结合的平台。“文化适应”是对新的文化的一种适应过程，二语习得的状况由学习者与目标语文化之间的社会距离和心理距离的程度决定。

（2）语言调节理论与文化适应理论有相似之处，但是更多地突出了二语习得与动机之间的关系。“社会距离”中的动机问题看作习得第二语言能力的决定因素，该理论中的主要变量如下所示。

1）对自己社团的认识。

2）种族比较。

3）认识种族语言的生命力。

4)认识自己社团的界线。

5)识别其他社团类别。

这个理论既没有解释学习机制,也没有解释发展次序。但是该理论框架中同时包含了语言使用和语言习得。

(3)话语理论强调的是二语习得的语用观,主要包括以下几个原则。

1)在句法的发展中,二语习得遵循一个自然的路线。

2)为了与非本族语者沟通,本族语者往往会对其话语进行调整。

3)为了沟通而发展的会话策略以及调整后的输入会以不同的方式影响第二语言习得的速度和途径。

4)自然路线是学习交流的结果。

这个理论也未提及学习者的学习机制或策略,只是对语言的使用很感兴趣。不过,话语理论中包括了第二语言习得的认知方面:社会交际可以给学习者提供最好的可用资源;反过来,学习者的大脑也会产生一定的输入模式与之相适应。

(二)认知语言学观点

1. 引言

认知语言学自20世纪80年代问世以来,在国际和国内不断蓬勃发展,该学科主要集中于探讨认知语言学理论并用这些理论来描述英语、汉语等具体语言。随着认知语言学理论研究的深入和成熟,其研究成果不断地被应用到第二语言习得和教学中,以解释和解决二语习得和教学中出现的问题,同时也可以检验认知语言学理论。在国外这种趋势已初见端倪。中国的有识之士也敏锐地认识到了这个新领域,积极投身于相关研究之中。在认知语言学角度的二语习得和教学研究方兴未艾之际,有必要系统梳理国际和国内已取得的研究成果,以明确今后的研究目标。

2. 认知语言学对二语习得的基本观点

认知语言学认为语言的形成、运用、习得都是基于用法的。在此,重点阐述它对母语习得和二语习得的基本观点,并做相应讨论。

(1)母语是以具体用法为基础逐步习得的;习得语言就像其他复杂的认知活动一样,从具体的事物中提炼出抽象结构或图式。二语也与其他知识一样,是通过经验学会的,学习者从输入中接触到众多的形符,经过加工后作为类符储存起来;而后,通过归纳概括出高层次的类符。在此过程中,有两类因素至关重要:主观因素是学习者的动机和关注点;客观因素是语言的频率,具体包括形符频率和类符频率。因此,在二语习得和教学中要充分重视具体语境中的具体用法,对于常用的表达,要设法引起学习者的充分注意,让他们结合语境多加练习。

(2)儿童习得常规结构和非常规结构的方式相同,都是通过一般的学习机制获得的。儿童语言发展依赖于人类共有的认知与社会过程,主要包括意图识别与文化学习、类比与结构映射、结构合并。虽然不少学者们认为二语习得也是通过一般的学习机制获得的。世界上大多数二语学习者都部分或主要依赖课堂学习,缺乏丰富的交际环境,许多人的学习目的也不是了解目的语的文化。在这种情况下,交际意图识别和文化学习起的作用很小。在课堂中,老师会根据课本或语法书向学生介绍词汇、语法、语篇等各方面的规则和规律,虽然学习者有时也会依靠有限的目的语输入进行类比与结构映射以及结构合并,但大多数情况下都是由老师引导进行的,可见,前两个过程在二语习得中的作用明显比母语习得小。

(3)二语习得本质上与母语习得是相同的,它们都受到下列因素的影响:频率、提示与结果关系的关联度、多个提示之间的竞争、突显度。但除此之外,二语习得还受母语干扰、母语知识阻断等因素的影响。具体到以课堂学习为主的二语习得来说,这种差别更大。例如,主要依赖课堂来学习二语的学习者接受的目的语输入严重不足,不仅无法与母语习得相比,与在目的语环境中习得二语的输入量也有很大差别,这就导致了学习者很难熟练掌握目的语,其二语水平通常会发生固化现象。

(4)二语习得要充分利用语言的动因,着重从象似性和语言意识方面强调认识语言的动因在二语习得和教学中的重要性。其实,语言的动因表现范围很广,不仅限于形式与意义之间(如象似性),对其他方面同样很有应用价值,只是目前尚未引起大家关注而已。认知语言学认为,语言不是任意的,而是一般认知过程的反映。语言的动因表现在三个方面:①意义—意义联系:指的是词汇的各义项的排列不是无序的,而是以原型义项为核心,按照与原型意义的关系远近向外扩展的,这方面学者关注最多。②形式—形式联系:主要表现在语音层面,包括押韵、头韵和半韵,这方面受人关注较少。③形式—意义联系:指语言的音系形式和意义之间的关系,象似性是一种典型的反映。

(5)恰当利用原型和图式能促进二语习得。这一观点已被许多实证研究所证实。

(6)认知语言学和基于用法的模型强调语言是在具体的社会环境中和真实互动中学会的,强调学习者的自身参与。这种思想与交际教学方法的理念不谋而合。

3. 认知语言学对二语习得的基本模式分析

从语言学的角度关注学习者的语言,主要目的是描述学习者的语言能力,研究者所关注的是语言习得者知道些什么,而不是他们怎么做。从认知的角度关注语言,同样离不开对语言知识的关注,但认知论者认为学习者的语言已知与他们实际运用语言是分不开的。他们关注的焦点不是学习者抽象的语言知识,而是学习者如何掌握语言的形式和功能特征以及语言习得所涉及的心理过程。对待第二语言问题,不同的习得者有不同的处理方法,有些喜欢利用语法规则,有些感觉笔头写下单词或句子有助于记忆,有些喜欢与图像联系起来。因此,二语习得及其研究者可能采用不同的模式来实现自己的目标。

(1)监控模式。这个模式包含五个假说,即习得学习假说、自然顺序假说、监控假说、输入假说和情感过滤假说。输入假说强调了输入的重要性,认为足够的可理解的信息输入能够促使产生习得或学习。他区分了学习过程中存在的两个系统——习得系统和学习系统,认为习得系统是学习者进行言语交际时无意识的过程,而学习系统则是有意识地注意语言形式的过程。对这两个系统的区分实际上引入了两种不同的认知方式,即有意识的学习与无意识的习得。同时,也引入了情感过滤的概念,将情感因素与认知因素联系在一起。

(2)变化的语言能力模式。这个模式的设计目的是解释语言的变化,即学习者的语言(中介语)以及学习者学习语言的内在和外在过程,对学习者有计划的语言变化所涉及的认知过程进行了详细的说明。

(3)竞争模式。该模式是关于语言运用而不是语言能力的模式,它试图解释在实际语言使用中学习者进行信息处理时所用的是何种知识。该模式也认为学习者对目标语语法的掌握是语言输入与认知机制相互作用的结果。

(4)多维模式。该模式包括语言发展过程中的两个方面,即语言发展方面与学习者差异方面。该模式提出了学习发展的五个阶段,即典型顺序阶段、副词前置阶段、动词分离阶段、倒装阶段和动词结尾阶段。并指出学习者严格遵循这种阶段顺序,不会跳过某一阶段而进入下一阶段。当学习者进入下一个阶段时,他们保持着前几个阶段所习得的语序。该模式解释了学习者为什么会从习得的一个阶段过渡到下一个阶段,并且能推测出未被习得的语法结构何时能被习得。

(三)语言伦理范畴

现在流行的普遍语法理论对解释二语习得研究起了很大的推动作用,但是这种“原理与参数”理论并非十分完善。第二语言习得过程中除了主体内在的所谓“语言习得机制”开关以外,还不可避免地存在语言伦理问题。从语言的角度来看,伦理指的是用对话双方都觉得合乎道德规范的文明言语进行交流,是个关于语言美学或言语道德的应用课题,这些都自然地涉及了人们在交往中言语道德的意识、行为、关系、准则和规范等,并用以调整相互的言语活动,依靠家庭、学校、社会直接或间接的教育活动才能得以实现。语言文化是人类社会生活的环境,也来源于人类社会。人类生活的各个方面都受着文化的影响,随着文化的变化而变化。或者可以说,文化决定着人的存在,包括自我表达的方式、感情流露的方式、思维的方式以及解决问题的方式。在习得某民族的语言时,也等同在习得这一民族的文化,而文化更多的是指风俗习惯、社会规范和伦理道德方面等;否则所习得的语言形式会因为不符合这个民族的社会文化背景要求而难以被接受。也就是说,习得者在接受这个伦理背景的过程中获得语言知识、适应能力或其他学历的过程,实际是至少两种不同语言间相互适应的互动过程,也是习得者扬弃自己民族和目标语民族的语言文化和价值观念系统的过程,更是两个过程有机结合后使他们找到了各自的社会认知发展的平衡点。

第二节　中介语研究

随着二语习得理论研究的不断发展,人们越来越重视二语习得的心理和认知过程。中介语理论是在认知心理学的基础上发展起来的,它创立于 20 世纪 60 年代末 70 年代初,是由美国学者 Selinker 最早提出并首次使用的。中介语在二语习得中产生,是介于母语和目的语之间的过渡性语言。随着学习者语言知识和交际能力的不断提高,中介语体系会日趋丰富完善,并逐渐向目标语靠近。中介语理论从一个全新的视角来研究第二语言的习得过程,是目前外语教学中用于解释分析第二语言学习者在语言学习过程中所产生的偏误的理论依据,中介语理论把第二语言的学习过程看作创造性地建立一个新的语言系统的过程。我国外语教育研究中心曾在“十五”规划中强调要特别关注语言习得者中介语的研究,要收集包括口语和书面语在内的学习者的中介语,建立我国二语学习者中介语语料库。由此可见,这一理论的研究对二语学习的理论研究和教学实践有着巨大的影响和深远的意义。

一、中介语

中介语是第二语言习得研究中的一个重要理论。第二语言学习者学习第二语言的过程中会自觉地建立起一个依赖母语却又不同于母语也不同于目标语的一种语言系统,从而提出了“中介语”这一概念。中介语既可以指第二语言学习者在学习过程中某一特定阶段中认知目标语的方式和结果的特征系统,即一种特定、具体的中介语言,也可以指反映所有学习者在二语习得整个过程中认知发生和发展的特征性系统,即一种普遍、抽象的中介语语言体系。中介语是一个双重系统,是一个阶段和过程组成的庞大体系,即母语—中介语—目标语系统中的一个必然阶段和过程,在这个系统中二语学习者从母语出发经过中介语到达目标语。要到达目标语必须经过中介语,中介语是第二语言认知中的必经之路。

二、中介语理论的产生

20世纪中期,应用语言学领域中产生了对比分析方法。学者们用这一方法对人们的母语以及所要学习的第二语言的语音、语法、词法、结构各项要素进行了系统的比较并找出了相同和不同之处,并且认为第二语言的学习过程就是克服两种语言系统差异的过程。这一方法为人们研究第二语言的习得过程提供了一种思路,然而它却将第二语言和母语完全对立起来,把母语作为第二语言学习过程中的一种干扰因素。这种所谓"母语负面影响说"具有一定的片面性,它没有反映语言学习的本质,也没有揭示母语与二语习得之间的内在联系。在对比分析法之后又出现了一种叫作"错误分析"的研究方法,这一方法将学习者在第二语言学习过程中所出现的错误反映为他对这一语言的掌握程度,通过对这些错误的系统分析,人们就能够认识和了解第二语言的学习过程,并认为产生第二语言学习困难的主要因素是语言内部本身的结构和系统,而并非母语的影响。然而,这一方法中所谓的"错误"完全是以目的语系统为标准,它将人们的第二语言学习与目的语完全对立起来分析,忽略了它们之间的联系。

中介语理论的产生彻底打破了对比分析的理论束缚,使二语习得研究和教学进入了一个新阶段。中介语是一个独立的语言系统,它产生于学习者试图掌握第二语言做出的努力,也就是说,第二语言学习者的语言系统具有其独立性,这一系统在结构上处于母语与目的语之间的状态。当学习者试图操用第二语言时,其运用的语言就是一种中介语,这一语言既包括母语特征也有目标语特征,同时与两者又有区别。它是一种独立于本族语和目的语,并介于两者之间的独立语言系统。

"中介语"这一名称能够在这一学科领域里得到广泛认可除了因为它与另外两个名称相比较为中性,更主要的是包含了以下两个含义:①表明了学习者的语言系统处于母语和目的语之间的状态;②体现了学习者语言变化速度的不规则,即语言的不稳定性;③以"语言"为中心,这明确地显示了学习者的语言运用在本质上是受规则限制的,是一种具有充分交际功能的语言系统。

三、中介语研究领域分析

(一)中介语研究内容

中介语研究标志着二语习得研究作为独立研究领域的开始,主要涉及两类研究内容:语言能力研究和语用能力研究。

1. 语言能力研究

早期对语言能力的研究,主要集中在语法规则的习得上。20 世纪 80 年代末 90 年代初,人们开始重视词汇的习得,成果逐渐增多,例如二语作文中词汇知识的变化、词汇的丰富性的研究,被动词汇和积极词汇之间关系的研究,阅读中词汇知识的广度与深度的关系的研究等。20 世纪 90 年代后期,学习者语料中单词的使用特点研究。以上各类语言能力研究均深受认知心理学的影响,大多数情况下采用量化法。

2. 语用能力研究

语用能力研究借用了多种人文科学的研究方法,如描述语言学、会话分析、互动社会语言学、发展语用学、认知—社会心理学、话语阐释和跨文化交际学。这些方法包容性很强,一方面运用逻辑实证主义倡导的实验法和问卷法了解二语学习者语用能力的整体情况,另一方面运用构建主义所倡导的人种志、个案研究等质化方法来详细描写特定社会文化背景中的语言交际行为。

(二)语言能力研究

人类语言之间既有共性,也有个性。这是各种语言学理论尝试解释的一个重要问题。最有影响的解释就是形式学派所提出的“普遍语法”,他们认为人的大脑有一个与生俱来的、抽象的、自主的形式系统句法规则,在后天的语言环境中代入“参数”得以实现。不同语言的个性是由于“参数”的设置不同造成的。形式学派所谓的“普遍语法现象”,遭到功能主义阵营的激烈批评。批评指出普遍语法现象没有任何心理学实验基础,所谓的“普遍语法现象”只不过是有意无意来自对不同几种语言结构比较的结果,或者借用类型学的研究成果,即实际上使用的也是归纳法,只是自己不愿意承认罢了,并没有什么独立的心理基础。

功能主义学派的学者则采取了另外一条路线,认为句法规则主要是在人们的语言使用中形成的。人们因为交际的需要而使用语言,那些经常出现的组合,因为使用频率高,最后固定下来成为一种语法格式或者语法规律。这种观点具有一定的解释能力,可是也很有限,只能说明语言在形成以后的历史时期所经历的种种变化。但是这种功能主义的解释没有回答一个根本的问题,即人如何能够创造、使用语言,语言为什么是这个样子而不是别的样子。

我们不相信关于语言系统的先天说,也不认为人们的交际方式是形成语言的关键因素。根据我们自己长期的研究和思考,同时借鉴有关学科的研究成果,特别是认知心理学的新发展,提出这样一个假说:人的语言能力是各种更基本的认知能力协同作用的结果,称之为"语言能力合成说"。这种基本认知能力可以概括为如下六点。

1. 第二信号系统的认知能力

在心理学领域,巴甫洛夫首先把信号分为两类:第一信号系统和第二信号系统。

第一信号系统是指光、热、味道、声音等的刺激,这些特征与有关事物之间具有天然的联系,比如闪电跟打雷常常结合在一起,气温的变化跟四季的更替联系在一起,味道跟食物的类别联系在一起,某种特定的声音跟某种特定事物的发生联系在一起,等等。第一类信号与所代替的事物之间的联系不是随意的,人和很多动物都有感知这些信号的能力。

第二信号系统与所代替的事物之间的关系是人为的、约定俗成的,它们的关系具有任意性和社会性。语言符号的本质特性就是任意的、具有社会性的,因此人类只有具备了第二信号系统能力才能创造、学习和应用语言。从意义和语音之间的关系来看,对于同样一种东西,不同的语言或者同一语言的不同历史时期会用不同的语音形式来表示。只有人类才有对于第二信号系统的创造、习得和使用能力。这也就是为什么语言是人类特有的原因。除了人以外的所有动物都没有第二信号系统感知的能力,所以其他动物都无法创造或者学习人类的语言。

2. 对量的认知能力

人类具有对量的认知能力，一切科学特别是数学都是建立在这种能力之上的，语言的创建和习得也离不开这种能力。小孩在不会说话的时候就开始形成初步的数量认知能力，主要表现在对量的多少的分辨上。迄今为止，还没有发现哪种动物具有明确的数量辨别能力。很多语法范畴和规律都与数量的认知有关，各个词类最重要的语法特征都与它们所代表的事物的数量表达有关。举例来说，名词有单复数、可数不可数、跟数量词搭配等重要语法特征，它们都与表达事物的量有关；形容词有比较级、程度词、重叠、用于比较格式等现象，它们都是表达性质的；动词有时、体、态等语法范畴，它们都是表达运动变化的量的等。除了这些显而易见的现象以外，数量表达与语法的关系还表现在许多别的方面。比如汉语最常见的两个否定字“不”和“没”的分工分别为，“不”是否定连续量的概念的，“没”是否定离散量的概念的。不仅如此，数量的表达还与其他语法范畴之间存在着制约关系，比如定量化的词语不能自由地被肯定或者否定，动词或者形容词一旦定量化就会限制它们的名词化能力。又如，汉语和不少语言中，只有有定性的名词才具有单复数的区别，无定性的名词则没有这种数的标记。数的表达还影响到语法结构，比如俄语的偏正结构中，修饰语要和中心名词在单复数上保持一致，主谓结构中主语名词要和谓语动词在数上保持一致等。

总之，人类语言的设计原理之一就是如何表达数量以及数量的表达与其他范畴之间的相互关系。

3. 概括、分类能力

人们不仅能够感知外在世界，还能够对其进行概括分析，把具有共同特征的事物归为一类，以区别于其他不同类型的事物。这就是“范畴化”和“概念化”的认知活动，反映在语言中就是一个个的词，主要是实词。认知语言学认为，概念化与语法是密切相关的，语法实际上是词语概念内容的结构化。不同民族的概念化方式不一样，由此带来不同语言的语法差异。比如“借”的概念，汉语是把物体“从甲到乙”和“从乙到甲”看作一回事，用同一个概念“借”来表示，那么在具体的语言表达中就需要用介词“给”或者“从”来区别动作的方向；英语用两个不同的词来概念化这种行为,因而英语自然就不需要相应的介词短语了。由此而带来了两种语言的有关词语语法结构的差异。

人类如果没有这种概括、分类的能力,就不可能有词汇这种语言的建筑材料,缺了这种建筑材料,也就无所谓语言系统了。

4. 记忆、预见能力

很多动物都不同程度地拥有记忆能力,但是远不能跟人类的记忆能力相比。不论从记忆的容量大小、持续的时间长短,还是从记忆内容复杂程度来看,人类都远胜于其他任何动物。人不仅能够记忆过去经历的事,而且还能够根据经验预见未来要发生的事。而动物一般缺乏对未来事件的预见能力。

记忆能力是语言习得必不可少的能力。人的语言能力必须后天习得,语言中的词汇、语音、语法都必须通过记忆才能掌握。语言表达也离不开记忆能力,我们说话的内容大多是我们已经经历过的事情或者对未来事件的预测。一个人记忆能力的高低可以直接影响到其学习语言速度的快慢,也会决定其一生语言能力的高低。记忆能力和预见能力也直接反映在语法范畴上。

5. 联想、推理能力

人类还具有联想能力和抽象的逻辑推理能力。在词语意义的引申和语言的表达中大量存在着“比喻”或者“隐喻”的现象,这都与人们的联想和推理能力有关。每一种语言都有丰富的连词,它们都是为了表达各种逻辑关系而产生的,常用于篇章的组织。

推理能力可以解释人类使用语言的重要特性之一——创新。人们说话或者写作,绝大部分的具体句子都是别人没有用过的,同时人们听到或者看到的具体句子也是第一次接触,他们能够相互理解的背后是遵循共同的规律。人们学习语言、使用语言,显然不是简单的记忆和重复,他们从接触到的具体例子中推导出其背后的规律,并根据这些规律理解别人创造的句子,创造新的句子。这些能力还跟语言的演化密切相关。词语的意义会不断发展变化,很多是通过比喻或者隐喻实现的。语言变化的最重要的机制之一就是类推,很多语音、词汇、语法的变化都是由类推引起的。

6. 声音、形状的辨别能力

人类语言能力的获得也离不开对声音、形状、距离等的辨别能力。有些动物也具有这种能力,但是在复杂程度和精确程度上同样无法跟人相比。人可以清晰地辨认各种音素,然后利用有限的音素组成音节,合成句子,表达丰富多彩的思想感情。具有这种能力,人们才能学会说话。语音是语言的第一物质载体,语言的第二物质载体是书写系统。人们创造了书写系统以后,才能把前人的经验记录下来,才能逐渐积累知识,人类的知识才能不断进步,也才能形成各种学科。没有书写系统,就谈不上今天的任何文明了。我们的祖先之所以能够创立这个书写系统,使我们今天每个正常的人都能够学会至少一种书写系统,都是来自人对形状的辨识、记忆能力。

上面只是讨论了跟人的语言创立和习得关系最密切的几种重要的认知能力,当然有关的认知能力远不止这些。我们提出上述认知能力,目的是说明我们对语言的一个基本哲学观点,即人的语言能力是第二位的,它是很多种更基本的认知能力协同工作的结果,因此语言知识不是先天的,它是人们依赖这种认知能力后天一步一步习得的。

这些认知能力是人类创造、习得和使用语言的先天条件,它们是与生俱来的,但是需要在后天环境中得以实现和发展。但是从语言发生学的角度看,这些能力又不能自发地创造出一种语言来。语言系统的特点还跟人类的感知对象有关,即语言所表达的现实世界。语言中的很多现象和规则,都是客观现实世界的现象和规律通过人的大脑在语言中的投影。从历史的长河看,语言系统总是在不断发展、变化着的,这种变化当然离不开语言的使用。一个消亡的、没有人用的语言根本就不会有任何发展变化。人类使用语言的动机来自人是一种社会性的动物,具有内在交际的需求。这些方面是功能认知语言学的研究重点问题之一。

以上关于"人类语言能力合成说"的假说具有以下优点。

(1)这些认知能力都有扎实的心理学研究基础。我们以上讨论的 6 种基本的认知能力,都是为大量的心理学所证实的,已经成为心理学教材的经典内容。我们每一个正常的人在日常思维活动中都可以感受到这些能力的存在和作用。它们与语言学习之间的关系也是显而易见的。

(2)可以说明语言必须通过后天才能习得的现象。语言能力既然是由多种更基本的认知能力合成的,所以就不能自发产生语言,必须在这些更基本认知能力成熟之后,才有可能通过后天的学习而习得一种语言。这可以通过简单的反证法来说明这一点。假定人的语言知识是先天的,那么一个从出生就离开人类社会的狼孩,一定会自发地产生一种跟语言类似的东西。可是事实显然不是这样的。

(3)可以成功地解释不同语言的共性和个性。我们关于语言的哲学观还可以解释不同语言之间存在的共性和个性。不同民族的人具有相同的认知能力和认知对象,这是形成语言共性的基础。但是不同的民族在如何应用这些认知能力方面都有自己的特点,比如不同民族概念化动作行为的方式是不同的,有的语言把动作行为和其结果用一个概念来表示,那么同一个动作行为的不同结果就用不同的词语来表示,这样动词的数目增大了,但是句子结构相对地简单了,日语、罗曼语属于这一类。有的语言则把动作和结果分开来概念化,汉语和英语等则属于这一类,与此同时它们的谓语结构相对复杂。

(4)可以解释个人使用语言能力的高低。我们的假设还可以成功地解释个人语言能力的差别。在一个语言社团里,不同的人的语言能力是有明显差别的,包括语音的清晰流畅、词汇量的大小、语法格式的驾驭能力等。这些差别都跟个人先天的认知能力的差异有关。不同的人由于遗传因素和后天的智力开发等方面的影响,在记忆能力、概括能力等认知能力方面都会有所差别,这也造成了不同的人在语言习得水平上的差别。这种现象也不支持语法系统的天赋说,因为如果语法系统是先天性的,那么每个人的语言能力和知识应该是一致的。

(5)可以解释年龄对语言习得的影响。语言能力是由更基本的认知能力派生出来的,这种论断还可以从小孩的语言能力与这几种认知能力具有平行发展的关系看出来。以上所罗列的几种基本认知能力,都有一个由低到高的发展过程,随着年龄达到一定阶段之后,还会走向衰退。小孩的最佳语言学习时期一般是在周岁,这跟他们的各种认知能力发展成熟有关。那么语言学习能力也有一个最佳的时期,当过了这一时期以后,学习效果往往不甚理想。人到了六七十岁以后,再学习语言就困难了,这跟他们认知能力衰退有关。这也充分说明语言能力是建立在其他能力之上的。

不仅语言能力是合成的,一切学习其他知识的能力也是由这些基本的认知能力协同工作的结果。诸如数理逻辑能力、量子力学学习能力都是这些基本的能力派生出来的。不同的能力之间也是有结构层次的,有些是基本的,有些则是更高层次的。人们只有习得了基本能力之后才能掌握高层次的能力。语言能力一方面由更基本的认知能力所构成,另一方面也是学习其他知识系统的基本认知能力。

根据本书的研究经验,语言是在"实际运用—认知能力—语言系统"三种元素相互作用中形成的,这种语言观可以对各种语言形式背后的论据做出合理的解释。本书也提出了自己的"语言能力合成说",认为语言能力不是单一的或者独立的,而是由多种更基本的认知能力协同合作的结果。这一假说不仅可以成功地解释各种各样与人类语言习得有关的问题,而且大大开拓了我们的研究视野,启发人们从不同的认知角度来探讨语言问题。

(三)语用能力研究

在早期的二语习得研究中,研究重点为学习者的语言错误、习得顺序以及语言变体,二语语用问题常常得不到足够的重视。然而,随着研究的发展和深入,从语用学的角度研究二语学习者的语言——语际语(又称"中介语"或"过渡语")日渐为研究者所重视,在近30年已成为一个相对独立的研究领域——语际语用学(Interlanguage Pragmatics,ILP)。

语际语用学始于20世纪80年代,标志着这门学科的诞生。它主要研究第二语言或外语学习者语用知识的使用和习得,具体体现为从语用学角度研究二语学习者语际语言中的语用现象和特征,以及这些现象、特征的形成和发展规律。然而在这一领域的研究中,跨文化语用学成了语际语用学的主要研究模式,大多数研究者的兴趣都在跨文化语用比较上,并且集中研究高级阶段(而非各阶段)二语学习者的语用理解和表达问题,而对于二语语用能力发展的研究相对较少。

在语用学领域,语用能力是一个有争议的概念。语用能力属于交际语言能力范畴,包括施为能力和社交语言能力,是指交际者"在话语过程中根据语境情况实施和理解具有社交得体性的施为行为所运用的各类知识”。二语语用能力是指二语习得者在特定文化中根据社交语言规则适用的得体性来理解和表达话语的能力,是习得二语过程中的关键成分。为了能有效地进行交流,学习者除了掌握语言知识外,还必须发展在特定场合中得体地使用语言的能力。因此,本书的目的即是在分析国际国内相关研究的基础上,考虑在我国外语教学环境下如何展开语用能力发展研究。

1. 二语语用能力横向研究

话语标记语的语用特征及二语习得语料库语言学与语用学的发展使“话语标记语”研究越来越受关注。一些学者尝试从理论参数的角度对话语标记语进行界定,目的在于超出以往此类研究的描写层面,发现语言现象背后的本质和规律。目前,较新的研究角度包括对话语标记语的跨文化分析和认知分析以及话语标记语的二语习得。话语标记语的研究应从以话语为基础转向以认知为基础,并分析了语料库中本族语教师和非本族语教师口头表达中的语用标记语。

2. 语用迁移与语用能力发展

很多研究在对比了第一语言与第二语言的言语行为表达方式之后都报告了语用迁移现象。

事实上,语用习得研究者对第一语言和第二语言中语言行为的语法复杂性与语用语言迁移是如何相互作用仍没有进行深刻的研究,只是从一些共时的研究结果推断出语言水平与迁移有着内在联系。这只是表面上的一种简单的总结,类似第二语言习得中 L1 与 L2 相似程度决定 L2 习得难易程度的假设一样。其实,从不同研究者对语言迁移所下的定义可以折射出语用迁移的条件以及语用迁移与其他因素之间的关系应该是相当复杂的。

语言迁移是一种心理过程,在此过程中,第二语言学习者激发其母语知识去发展或使用中介语,具体表现为两种情况:一是迁移只作为一种交际过程,学习者利用母语去实现暂时的和个别的交际目的;另一种情况是学习中的迁移,在学习过程中利用母语知识在中介语中形成某种规则。

从认知的角度出发,她把语言迁移现象视为语言学习过程中的一种制约。她认为学习者先前获得的知识，如母语知识、有关其他语言知识、学习者已掌握的外语知识以及学习者对目的语的看法等，都可能在对目的语进行假设时产生制约。

语言迁移的这些定义可以解释许多语用习得研究的结果。英语和日语在表达道歉时句法结构无太大差别，但在表达请求时日语的句式要复杂得多。其实，我们可以从另一个角度解释结论的差异。迁移是否发生，在一定程度上取决于学习者本人对母语中的项目可迁移程度的意识。也许 ESL 学习者认为两种语言有相通之处，可迁移，而 EFL 学习者则认为不能。学习者对目的语的看法制约迁移的发生，而不是仅仅局限于学习者的语言水平。研究者在研究语言迁移时发现，初级学习者和高级学习者比中级学习者更倾向于利用迁移策略。迁移的发生还涉及诸多社会因素。有研究表明语用负迁移随着学习者在目标语社区所待时间的延长而递减，而不是随着学习者语言能力的提高而递减。

迁移本身是一个很复杂的现象，语用迁移也不例外。从其发生的过程来看，它既是一个心理过程，同时又是一个认知过程。事实上，它还是一个语言社会化的过程。从其产生的结果来看，它可以产生积极的效果，也可产生负面的作用，即正迁移与负迁移。从目前的研究现状看，语用迁移研究的范围较窄，主要集中于语言层面，特别是学习者的语言水平与语用迁移的关系，很少有研究分析 L1 和 L2 在执行语言行为时语言本身的复杂性对迁移产生的影响及迁移的认知或心理过程，分析迁移的社会性质的研究则更少。这些都是未来语用迁移研究的课题。

3. 社会交往与语用能力的发展

在第二语言习得研究中研究者提出了交往假设，企图从语言的角度探究在特定的交往活动中交往过程和认知过程如何促使学习者掌握语言知识。语用习得研究者以社会文化理论为支撑也在研究社会交往行为，认为交往过程既是语言学习的手段，也是语用知识增长的途径，而且通过对交往行为的分析可以看出语用能力的发展过程。

大多数有关语用发展的研究都是集中于课堂中的交往行为。通常情况下，人们认为在小组或两人对话中，较弱的一方较为有利，因为他们可以模仿学习对方的话语。本族人为非本族人打开了最近发展区,因为本族人所具有的较强的交往能力可以发挥支架的作用。

在以往的研究中,研究者常发现课堂中对教师与学生的话语的“启发—反馈—跟踪(IRF)”模式不利于学习者语用能力的发展。例如,Hall 发现课堂中教师的话语范围有限,因此,学习者没有机会了解日常会话中所需要的复杂的交往、语言、认知知识。

上述所列出的研究皆以交往行为为研究基础,报告出很多新的研究结果,为今后的研究做了铺垫。立足社会交往行为研究语用能力的发展,这是由语用学的内涵决定的。虽然至今语用学还没有一个公认的定义,不同的研究者以不同的偏向和侧重给语用学以不同的定义,但几乎所有的定义都包含两个基本的概念:意义和语境。语用学所研究的意义不同于形式语言学所研究的意义,它所研究的不是抽象的、游离于语境之外的意义,而是语言在一定的语境中使用时体现出来的具体意义。对于语用意义,归纳以下三点。

1)它涉及说话人要表达某种意义的愿望,这种意义可能在字面上表明,也可能不在字面上表明。

2)听话人对这种意义的理解很可能要依赖语境。

3)在这个意义上说,意义是行为的结果,它不是存在于静态之中的;它涉及作用(即说话人对听话人产生某种效果)和相互作用(即意义是说话人和听话人在共有知识的基础上进行磋商的结果)。

研究者之所以选择社会交往行为作为研究的基础是因为交往行为可以体现语用意义。然而从目前的研究过程以及研究结果来看,研究还不够深入。大多数研究只是集中在道歉、请求、建议等几项言语行为,重点是表达的形式而不是语用意义,研究的宗旨是交际的双方如何为对方提供执行语言行为的机会。虽然研究已经报告出新的研究结果,但是研究还没有触及学习者如何学会以特定的语言行为体现语用意义,也没有分析学习者在以言行事时是否将语境因素考虑进来。事实上,学习者语用能力的发展体现在是否能理解并表现语用意义,是否能利用语境来以言行事。目前大多数研究都是共时的、定量的研究,然而,对于语用意义与语境的把握只观察一两次语言行为的发生与否是远远不够的。

4. 我国二语语用能力研究存在的问题

目前,我国二语语用能力研究与国外研究相比存在很大差距。第一,总体数量严重不足,尤其是实证研究不多。第二,研究对象的范围不宽,受试人群多为大学(师)生,几乎没有以中小学生外语语用能力为研究对象的。第三,研究手段单一,大多数研究沿用何自然的"汉英语用差异辨识测试"模式。

此外,国内的语用能力研究常以跨文化交际研究为载体来进行。外语学习者语用能力的高低与文化教学有密切关系,语用障碍和语用失误常被归因于文化因素。因此,对于如何提高学生外语语用能力,一般都认为要加强跨文化教学,强化外语学习者的文化意识。

在国内所有的语际语用能力研究中,绝大多数都是通过语用失误来揭示研究对象的语用能力现状,并提出在外语教学中应加强学生语用能力的培养。几乎没有人关注我国外语学习者从小学到大学十多年里语用能力的习得与发展过程,更没有这方面的纵向(个案)研究,这与国外语际语用学研究有很大差距,也与我国外语学习者群体数量庞大的国情不符。

四、中介语的特点

中介语尽管存在着各种不足甚至是错误,然而它也和其他自然语言一样,有着自身独特的特点,主要可归纳为以下三个方面。

(1)可渗透性。中介语是一个开放的系统,而不是一个一成不变的封闭体系。二语习得者不断地接受新的语言的输入,新的语言规则不断地渗入学习者的中介语中。二语习得者不断吸收和内化新的语言形式,修正旧的规则,建立新的规则,删除过时、多余的语言规则。正是由于中介语的可渗透性,中介语才能不断丰富、完善,逐步向目标靠近,否则就会出现中介语的"石化"现象,语言能力的进步也就停滞不前了。

(2)动态性。中介语的动态性指的是中介语始终处于不断的发展变化之中,具有逐渐进化的特征,而其发展进化也具有一定的阶段性。二语习得过程是一个假设验证的过程,在二语习得过程中,学习者不断地、有意识地从各个不同的角度,通过实际的语言运用,将自己对于第二语言的假设进行检验和证实。中介语时刻处于这种动态发展之中,这种发展不是线性的,而是曲折的,有倒退的。因为有时二语习得者虽然语言能力达到了一个较高的程度,但是由于情感障碍或其他方面的原因,在实际交流中,其运用能力有可能退回到低一层次。但总的来说,发展的趋势是不断前进、不断完善丰富,并日益接近目标语的。在语言习得过程中,学习者不会直接从一个阶段跃入更高阶段,这符合了中介语发展的过渡性和阶段性。根据二语习得者所犯语言错误类别,把中介语的发展分为四个阶段:①无规律语言错误阶段,这一阶段学习者的错误毫无规律,是由于学习者缺乏目标语的系统知识造成的;②突生阶段,二语习得者掌握了一定的目标语规则,但目标语系统不够稳定,语言应用能力经常倒退到低一层次;③系统形成阶段,语言输出较接近目标语的规则;④稳定阶段,基本掌握了目标语。

(3)系统性。中介语存在着各种变体,每个人都有自己独特的中介语,而每个人的中介语也处于不断变化之中。但这并不意味着中介语是一堆杂乱无章的语言现象,事实上,中介语在任何一个阶段都呈现出较强的系统性与内部一致性,它具备一套独特的语音、语法和词汇规则。学习者是基于这套自己建立起来的规则体系,运用目标语从事各种交际活动。二语习得者在中介语的各个阶段,其语言运用能力、所犯错误等都是可以预见的。

五、中介语的问题成因

(1)语言迁移。二语习得过程中,学习者由于不熟悉目标语规则,在接收到新的目标语语言规则时,会下意识地套用母语模式来处理目标语信息。

(2)对目标语规则的过度泛化。二语学习者将目标语的个别语言规则当成普遍性规则使用,从而创造出既不带母语特征,又没有目的语特征的中介语形式。

(3)训练迁移。由于教师素质不高、教材不当、教法不妥等,也会引起迁移。例如,某位教师本人发音不准,全班同学都会发音不准。

(4)交际策略。交际策略是指说话者在遇到交际困难时运用的一套系统性的技巧。例如,二语习得者在不能准确表达自己的意思时,借用同义词或近似表达方式等来使交际继续进行,而这种同义词借用或近似表达常常与目标语表达方式相去甚远,因而形成中介语。

六、讨论与启示

中介语理论的研究,可以使我们对中介语有正确的认识,有助于教学的实施和教学质量的提高。中介语是任何一个外语学习者的必由之路,尽管它存在着各种各样的错误,但这些错误都是发展中的错误,而学习者也是在借助这些错误一步步地完善、改正并接近目标语。因此我们对于学生出现的错误要正确对待,克服急躁情绪和焦虑心理,因为学习者在学习过程中很难准确达到目的语的程度,只能达到中介语的某一阶段,因此对于处于不同中介语阶段的教学方法,难度、要求也应随之调整,以保证学生学习第二语言的兴趣和信心。同时一定要注意防止"石化"现象发生。教师在教学过程中应利用一切手段、机会观察记录典型且具普遍性的中介语,并针对学生的具体情况加以引导,大量输入,尽可能多地让他们直接接触和接受真实、自然的目标语。

正如许多语言理论模式仍处于发展阶段一样,中介语理论也远未成熟,无论理论方法还是研究内容都有待修正和完善。但是中介语理论已经对外语教学产生了巨大的影响。可以预见,随着研究的进一步发展,中介语理论将会在外语教学中发挥更大的作用。作为外语教师,了解、领会中介语理论,并把它与自己的教学实践结合起来,一定有助于教学水平和教学效果的提高。

第三节　二语习得的内在因素

从研究目的来看,学习者内部因素的研究可分为两大对立的阵营:一个强调研究学习者的共性特征,一个强调研究个体差异。

揭示共性特征的研究包括基于普遍语法的研究、母语迁移研究和语内迁移研究。基于普遍语法的研究基本上采用实验法,运用语法正误判断测试来考查被试者的语言能力。母语迁移的主流研究方法也是以量化为主,最常见的是用相关分析来界定母语与目标语的关系。

个体差异研究集中在某一类学习者的内部因素上,如语能、动机、学习策略、学习风格、个性的研究;或某两类因素的关系上,如研究动机与学习策略的关系、学习风格与学习策略的关系等;也可以集中在某类学习者内部因素对中介语发展的影响上,如普遍语法、母语、已学过的二语知识对二语学习结果的影响。总体上说,上述各类研究中,量化研究占主导地位,如语能研究采用了典型的心理测量方法;动机研究通常采用问卷法;对动机与二语成绩关系的研究采用相关分析;对学习风格的研究,有的采用心理测试,有的采用问卷法;个性特征(如焦虑感、容忍含混度等)的研究也广泛使用了问卷法与统计分析。对学习策略的研究,研究方法的使用稍显复杂。早期策略研究通过访谈、观察了解二语学习成功者的学习行为;但到20世纪80年代末90年代初,绝大部分策略研究都使用问卷调查学习者采用的策略,再通过相关分析探究学习策略与二语成绩之间的关系;也有少数采用质化研究法,如有声思维个案研究。

一、普遍语法与二语习得

(一)引言

以Chomsky为代表的转换生成语法学派所提出的普遍语法理论是20世纪语言学界最深刻的一场变革,使语言学研究的重点由对语言的描写转向对语言本质的探究。UG(Universal Grammar,普遍语法)是针对儿童母语习得现象提出来的。母语刺激的贫乏与儿童母语能力的超强之间的矛盾被称为“语言习得的逻辑问题”,即儿童如何在母语语料输入有限、残缺、不足的情况下仍能在短短几年里迅速而成功地获得母语丰富的语言系统这一貌似不合逻辑的问题。儿童的语言习得之所以如此可能是因为受到某种与生俱来的语言机制的导引,这种语言机制就是由原则和参数构成的普遍语法。为验证普遍语法的真正普遍性,学者们展开了对成人第二语言习得的理论研究。他们认为,假如普遍语法存在于母语习得中,那么它应同样存在于第二语言的习得中,因为第二语言习得也存在着逻辑问题。第二语言学习者在习得过程中所接触到的第二语言输入实际上相当有限,但最后也常常照样能说出以往从未学到过的话语,谈论并理解以往从未谈论过的问题。为此学者们做出了许多努力,采用各种方法从第二语言习得的不同方面考察普遍语法在第二语言习得过程中的通达情况。如果说普遍语法具有真正的普遍性,在第二语言习得过程中也起作用,那么第二语言习得者的语法心理表征应该与母语习得者的语法心理表征一致,其中介语语法应该受到普遍语法中各项原则和参数的导引,否则普遍语法就不起作用。

(二)普遍语法可及性的理论研究

1. 普遍语法的不可及性

不可及说认为普遍语法不决定第二语言习得/学习,因为成年人学习第二语言和小孩子习得第一语言有着本质的不同。在该说法学者看来,第一语言习得者使用的是语言习得机制,而第二语言学习者使用的是一般性学习策略。他们的主要依据之一,也是最有说服力的就是语言习得临界期一说。年龄与语言习得、语言规则的判断能力有很大关系。凡 7 岁前移居到美国的儿童都能习得与当地人同样的英语,超过这个年龄后,年龄越大,错误越多,越难接近英语本族人水平。他们由此推断第二语言的成年学习者主要是靠语言习得机制以外的某种机制或策略能力来学习语言,第二语言学习者不是依靠受普遍语法制约的结构操作,而是借助于线性的、表面化的语序策略来学习第二语言的。

2. 完全可及说

与普遍语法不可及说观点相反,完全可及说不赞成语言习得临界期一说。普遍语法对第二语言学习者,不管是儿童还是成年人都起作用。理由之一是第二语言学习者能像第一语言学习者那样,在输入的基础上获得并未被教过的语法知识;其二是他们还拥有结构依赖性知识;其三是他们和第一语言学习者一样具有无限的目标语生成能力。母语为日语的英语学习者在任何时候都不会把英语句子里的动词放到句末,尽管日语句序严格遵循 SOV 而英语却遵循 SVO 的结构原则。受普遍语法的制约,第二语言学习者确实建构了新的目标语语法,普遍语法对第二语言习得有制约作用。

3. 间接可及说

不同于上述两种观点,间接可及说派似乎采用了一种相对迂回的态度。他们认为,普遍语法是通过学习者的母语在第二语言学习中起作用。在他们看来,第二语言学习者已经在自己的母语中应用了普遍语法的原则,设置了参数,这是他们发展第二语言的基础。这一观点还认为,第二语言学习者之所以会创造出与目标语不一致的语法句子,是因为他们在第二语言学习中面对其母语不曾有的参数设置时,不得不求助于其他一些学习机制所致。对母语为朝鲜语的第二语言学习者所做的研究中得出结论:普遍语法无论是从第二语言学习者的习得过程还是从学习成绩来看,都没有对第二语言习得做出阐释。然而,她认为对成年的第二语言学习者来说,容易起作用的是那些早已在第一语言学习过程中被激活的原则和参数设置。

4. 部分可及说

部分可及说赞成普遍语法原则对第二语言学习者仍然起作用的提法,但他们认为这种作用只是部分的而非全部的,在方式上也是直接的,并非都是间接的。在他们看来,第二语言习得与第一语言习得只有部分相同,所以成年学习者很难完全达到与本族人相同的语言水平。如果普遍语法对这些学生没有起作用,那么他们的答题就是无规律的,答对的题数就不应该是10,而应该是30左右。换言之,这些学生没有系统地选择正确答案,却系统地选择了错误的答案。既然学习者没有造出"野性"语法来,我们是否可以说,普遍语法仍在部分地起作用呢?与间接可及说不同的是,部分可及说以普遍语法和各种子集而不是以第一语言作为出发点来研究普遍语法对第二语言学习的可及性。

(三)普遍语法可及性的实证研究方法

目前在普遍语法与二语习得的理论研究中一般通过被试在实验中的行为来证明普遍语法的有效性,而实验的手段一般分以下几种:语法判断、图形识别、偏爱性选择、诱导式书面表达或口头表达等。前三种方法牵涉到直觉作用和多种选择的问题;后两种方法牵涉到具体的诱导方式问题,如诱导的清晰度、诱导的速度、诱导的手段、诱导的环境和被试的语言表达能力等问题。这五种方法的共性问题是在统计实验结果时往往仅注意被试的群体结果而忽视了被试的个体差异,而且被试人数的多寡可能都会影响对实验结果的推断。所谓"语法判断",就是研究人员根据所要调查项目设计测试题目内容,试题一般为针对调查项目的各种句子类型,有合乎语法的句子,也有不合乎语法的句子。要求被试对这些句子做出语法判断,并在规定的时间内完成测试,其目的是通过被试的语言直觉来揭示潜藏于被试心里的语言普遍性原则。这一方法的主要优点在于研究人员能在测试内容里包括违反普遍语法原则的句子,以便于检测第二语言习得者是否也拒绝接受普遍语法不允许的句子。如果第二语言习得者拒绝接受这些句子,这就证实普遍语法在第二语言习得中起作用,反之则证明普遍语法不起作用。另外,语法判断也包括合乎语法的句子。如果被试接受这些句子,说明在第二语言习得过程中参数可以重设,反之则表明参数不能重设。然而语法判断至少存在着如下两个缺陷。

(1)语法判断的测试目的过于明显。语法判断这一方法本身就使被试明显地感觉到自己是在做语法判断,从而使他们在进行语法判断时显得过于理性,这明显有悖语法判断这一方法的初衷,研究者无法真正了解潜藏于被试心里的语言知识。

(2)语法判断过分元语言化。在语法判断中,研究者设定的包括合乎语法的和不合乎语法的句子往往仅是用来分析和描写的句子,在实际的语言使用中并不一定会经常出现,这样第二语言习得者尤其是初学者和还不太识字的习得者并不一定具备参加这种测试的能力。如果仅用二语水平已经较高或很高的被试作为实验对象,则不能全面地反映所有第二语言习得者的中介语语法,因此也无法综合地探视普遍语法在第二语言习得过程中的作用。

总之,单一地采用某一种方法来考查普遍语法在第二语言习得中的作用并不一定能全面或准确地反映实际情况,但如果几种方法并用并对实验结果加以比较,或许能收到更好的效果。

（四）普遍语法可及性研究的不足

1. 普遍语法理论本质

普遍语法理论作为描述和阐释人类语言共性的理论，影响非常大，但也不是没有问题。首先，普遍语法只是作为一种语言理论，从语言学的观点来解释所有人类语言的共性，却无法解释人们在习得语言过程中的一系列心理变化及社会语境等产生的影响。它区分了核心语法和外围语法，但是其研究几乎都在句法结构上，很少涉及其他方面，如语音、词汇等。普遍语法也没有涉及学习者是如何通过使用这些语法知识来获取语言"技能"的。

2. 普遍语法理论的直接解释力问题

普遍语法理论的提出不是针对第二语言习得而是针对第一语言习得的，因而与第二语言习得没有直接的关系而只有间接的关系。第二语言习得研究者在借用普遍语法建立第二语言习得理论的过程中，自然出现了仁者见仁、智者见智的现象，也就相应产生了大相径庭的可及性四大假设。

3. 实证研究方法的局限性

在讨论普遍语法对第一语言习得的可及性时，被认为最合适的方法就是让操本族语的人通过直觉来判断哪些句子符合语法，哪些不符合语法。但是在讨论普遍语法对第二语言习得的可及性时，用同样的方法就没有那么可靠了，这是因为第二语言学习者的直觉相对不稳定，何况直觉本身就是一个难以界定的术语。

从上面的分析可以看出，一方面普遍语法理论突破其作为第一语言习得理论的理论框架而应用于第二语言习得这一事实本身显示了该理论的强大生命力；另一方面围绕普遍语法在第二语言习得中是否可及的问题而产生的四大假设，说明了该理论在第二语言习得中所起作用的问题上存在若干逻辑上的可能性。尽管观点大相径庭，但肯定其继续起作用的占大多数。普通语法理论的发展经历了由争论是否可及，在哪些方面可及和可及的方式，争论将继续下去，研究将越来越深入。

（五）结语

普遍语法与第二语言习得的理论研究只有近三十年的历史，在好多方面还不十分成熟。尽管如此,这一领域的研究仍然方兴未艾,研究者们为此做出了不懈的努力。学者们对第二语言习得诸方面做了较为深入的探索。尽管在这方面研究方法尚处于不断完善阶段,可这毕竟为普遍语法的理论提供了许多正反两方面的例证。

二、母语水平与二语习得

20 世纪 80 年代以来,第二语言习得研究涉及的领域不断扩大,探讨的问题日趋深化,这些研究对于语言普遍规则、认知发展、语言发展、社会语言问题及文化普遍性等问题都产生了积极、广泛和深远的影响,同时对第二语言的教学与改革也起到了重要的指导作用。

迄今为止,研究者们将语言习得研究归纳为五个范畴:

1)用行为主义理论来解释 SLA,强调条件的作用;

2)用相互作用来解释 SLA,强调交际与社会需要;

3)用认识理论来解释 SLA,强调逻辑和思维过程;

4)用先天论或生物理论解释 SLA,强调先天的遗传能力;

5)强调学习者及学习策略。

第二语言习得理论可概括为三大类,即先天论理论、环境理论和功能理论。

先天理论认为人类生来就具有学习语言的能力,在人的语言能力范围内,有的能力(或规则)是全人类共有的,这种全人类所共有的语言能力(或规则)被称作“语言普遍现象”或“普遍语法”。普遍语法包括一系列的语言限定规则或参数。第二语言习得就是在已有语言参数的基础上习得另一种语言。监控理论是第二语言习得研究中最全面的理论,该理论认为自然习得是一种下意识的过程,而正式学习是一种有意识的过程,学习者可利用自己的语言控制、调节系统调节自己的语言行为,而第一语言即母语是语言控制调节系统中的变量因素之一。

环境理论强调环境因素(如个人经历)对语言发展的重要性,并试图用学习者的外部变量(环境影响)来解释语言习得的过程。文化适应模式即是其中最具代表性的一种,该模式认为第二语言习得是由学习者的母语和所学语言的文化差异决定的。文化适应程度的高低决定了语言的发展:第一,文化适应程度可以控制学习者接触目的语的多少;第二,它反映了学习者学习语言的目的。舒曼认为第二语言习得完全可以由学习者的语言输入及学习语言的目的决定。

功能理论也称"相互作用理论",它用各种因素(先天因素与环境因素)来解释语言学习过程,认为句法来源于人类的话语特征,在面对面的相互交际中,与语言理解和语言产生有关的心理语言学及语用学规则导致了句法的变化。研究发现,对话语的处理受学习者策略的影响,学习者第二语言的发展包括他们将自己的策略应用于不断变化的语言材料。每一个新策略都包含旧策略并赋予了新内容,从而保证学习者能学习越来越复杂的结构。因此,学习者的策略制约着教学材料的可理解性。

在第二语言习得研究领域,母语知识对目标语习得的影响是众多语言学家及心理语言学家所探讨的重要问题之一。有些研究发现,学习者可以成功地学习外语而不受母语的干扰,有些则得出相反的结论。这类研究很少以学习英语的中国人为研究对象。笔者以我国高校学生为对象进行了一次调查,通过对调查结果的分析,得出的结论为:母语水平的高低对外语学习有显著影响。

(一)语言普遍现象促进二语习得

世界上的语言种类繁多,据说有 4 000~8 000 种,分属不同的语系、语族和语支。尽管各种语言之间存在着大小不等的差异,但从本质上说,语言是人类共有的属性,与人类思维有着密切联系,同时也是人类表达思维最有效的手段之一。人类的思维是有共性的,因此用来表达思维的语言也具有共性。

语言普遍现象与语言学习有关的内容大致有以下几点:

1)所有的语言都使用有限的离散语音,它们相互结合构成有意义的成分或单词,这些成分和单词可组成无限的句子;

2)所有的语法都包含了构词及造句的规则;

3)每一种语言都含有具备某种语音特征的离散音段(如/p/、/n/和/a/等),都有若干个元音和辅音;

4)所有语言都有类似的语法分类(如名词、动词等);

5）语义普遍现象存在于一切语言之中（如“男”和“女”“动物”和“人类”等）；

6）每一种语言都有自己的方法来表示过去时间、否定、疑问和命令等概念或句式；

7）说任何一种语言的人都能创造和理解无限多的句子；

8）任何一个正常儿童，不论出生在何地，不论什么种族，也不论地域、社会或经济状况如何，都能学会一种他所接触的语言。

以上诸点反映了语言的共同特征与二语习得有着密切的关系。世界上任何一个人，在学习和掌握母语的过程中，不论是否意识到，他对上述语言普遍现象都已经有了一定的了解，即通过事物的个性认识了事物的共性。当他开始学习第二语言时，就会把他通过母语而获得的对语言共性的认识，自觉或不自觉地运用到二语习得中去，从而加深对所学语言的理解并提高语言学习的效率。在这个意义上可以说，学习者的母语背景为他的外语学习奠定了一定的基础。所以人类语言的共性即语言普遍现象对二语习得是有促进作用的。

（二）母语知识与第二语言习得的关系

行为主义心理学认为，刺激与反应具有紧密的联系，如果某种刺激经常出现，人们伴随着反应而采取的行为就加强了这种联系。当特定的刺激与特定的反应有规律地联系在一起时，就形成了一种习惯。习惯是自发的，是在一定的环境中形成的，如果环境不发生变化，习惯是难以改变的。在母语习得过程中，儿童首先通过模仿由父母发出的话语学习母语。儿童的这种尝试，常常受到父母的鼓励，错误也会及时得到纠正。母语的发展不仅与母语的输入量有关，而且也与交互作用有关。对中国学生来说，他们长期生活在母语环境中，在学习母语——汉语的同时，也学会了用母语思维。母语的发展过程一般分为两个阶段：学龄前基本上是发展口语的时期，中小学阶段主要发展读写能力。在中小学阶段，除了与父母、老师、同学等进行交流外，在阅读书刊报纸和收听收看广播电视节目时，他们也接受了大量的母语输入。这些输入经过日积月累，使母语规则深深植根于其脑海之中。

外语学习则与此不同。当中国学生接触到外语时，他们的母语系统已经确立，其母语思维习惯也已形成。由于缺乏学习母语那样的语言环境和交流机会，因而在学习外语时，从知识的理解、掌握到运用都需要学习者付出艰辛的努力。按照行为主义学习理论，原有的习惯会影响新习惯的养成，因此对第二语言学习来说，植入大脑中的母语规则可能会干扰第二语言习得的顺利进行。因为母语的特性往往被迁移到第二语言的学习中去，所以在第二语言习得过程中要克服母语的影响，并逐渐取代渗入第二语言中的母语特性，这个过程被称为“再造过程”。

迁移是指学生将母语中的语言规则用于外语学习中。如果某一语言规则在两种语言中是一致的，迁移对新知识的学习和新技能的掌握就会有积极的影响，这种迁移被称为“正向迁移”。然而在大多数情况下，两种语言之间存在着很大的差别，这时如果把一种语言的规则搬到另一种语言中去就会产生错误，从而对外语学习产生负面影响，这种迁移被称为“负向迁移”。在第二语言学习的初级阶段，这种现象经常出现。

一些研究表明，学生在外语实践中会有意回避与母语差别较大的结构，而过多地使用与母语相似的结构，这说明母语是外语学习中的一个重要因素。中国学生不常使用关系从句，这是因为中国学生的母语中不包含英语那样的关系从句。因此在阅读时，中国学生对关系从句的理解就不如其他学生。由此可见，回避不只是语言使用上的问题，对新规则的学习也有一个负面的影响。中国学生对关系从句感到困难，其原因在于他们的母语是左分支的，即修辞语只能位于名词之前，如“玛丽昨天买的那本书真不错”；而英语主要是右分支的，即修辞语可以位于名词之后，正是这种差异导致中国学生回避使用关系从句。

（三）重新认识“母语干扰”现象

有学者认为，母语对外语学习只有负面影响，或者说，母语干扰了二语习得。母语果真对外语学习只起消极作用吗？笔者认为，所谓“母语负面影响说”或“母语干扰论”，都有一定的片面性，这既没有反映语言学习的本质，也没有揭示母语与二语习得之间的内在联系。就拿上面列举的“中国式英语”来说，从表面上看，是母语“影响”了外语表达；而究其实质，应该说是母语“帮助”学习者完成了交际任务。在外语学习过程中，尤其在初级和中级阶段，由于学习者的母语水平与外语水平相差悬殊，总会在情急之中或不得已的情况下“借用”母语知识或母语能力，借以完成学习任务或达到交际目的。这既是学习者的一种策略,也是二语习得进程中的一段必经之路。因此,母语对外语学习来说,不应该说是只起“负面影响”或“干扰作用”,而是在一定程度上有“正面影响”和“帮助作用”。本节拟从理论和实证两个方面阐述这一观点。

第二语言习得研究始于20世纪60年代末70年代初,从那时至今,这一领域研究发展迅速并在各方面都取得了较大的成就。研究成果之一就是对“母语干扰”现象有了新的认识。以Selinker为代表的语言学家认为,不应该把母语对二语习得产生的影响看作“干扰”,而应该看作一种“认知过程、一种“策略”,或是一种“调解”。对学习者来说,其主要任务不是去克服母语的“干扰”或“消极转移”,而是在认知过程中,采取有效的“策略”或“调解”手段,尽快掌握目的语的语言知识和语言技能。

根据语言习得原理,二语习得过程就是学习者积极参与的心理过程。在此过程中,学习者将采取必要的“策略”,对所获得的外语资料进行梳理和储存,并对已经存有的资料加以利用。“策略”是语言学习和语言使用不可缺少的组成部分。“干扰”和“策略”这两个概念并不是互不相容的,学习者的母语知识可以看作二语习得过程中的一种语言输入。根据认知语言学的观点,所谓母语“干扰”造成的错误,并非源于母语的“消极转移”,而是源于母语的“借用”。当学习者由于缺乏必要的目的语知识在交际中遭遇困难时,就会求助于母语去弥补外语知识的不足。这种“求助于母语”的策略,在中国学生的英语表达中,可说是屡见不鲜的。

作为语言研究者或外语教师,我们如何看待这些错误呢?从二语习得的观点来看,尽管此类句子中有不符合英语表达习惯的地方,但学生通过“借用”母语知识,完成了交际任务,这一点应该加以肯定。教师在指出学生错误的同时,应该鼓励他们在语言学习中的这种“冒险精神”。从一定意义上说,“借用”策略和“冒险精神”有助于学习者克服知识不足的困难。

在国际语言学界,许多知名学者就母语与二语习得的关系先后发表过不少颇有见地的论述。母语能帮助学习者沿着二语习得的“普遍道路”走得更快。当学习者没有足够的目的语知识来达到交际目的时,可以用母语去启动话语。这两位学者都把母语看作一种资源，学习者可以通过“临时翻译”的方法，利用母语资源来克服外语的局限性。使用母语只不过是普通心理过程的一种表现而已，即依靠以前的知识促进新的学习。行为主义的“干扰”观念必须摒弃，而认知框架内的“借用”或“调解”观念，则应该成为二语习得理论的重要组成部分。

（四）母语知识的正向迁移

对绝大多数中国学生（少数民族学生除外）来说，外语是他们接触到的第二语言系统，因而第二语言习得理论对我国外语教学具有一定的指导意义。学习者可以利用自己的语言控制系统调节自己的语言行为，母语是语言控制系统中的因素之一。第二语言的发展与学习者的策略有关，而迁移就是一种学习策略。

任何新知识或新技能都是在已有知识或技能的基础上获得的，外语学习也不例外。已有知识对新知识的影响可能是积极的，也可能是消极的，我们在教学中只能趋利避害，因势利导，尽可能利用正向迁移，避免负向迁移，使母语知识有利于外语的学习。比如在英语中，有清、浊音的对应体系，而在我国普通话中却没有这种对应体系，因为汉语普通话的发音都靠振动声带。但在我国吴语方言区，比如上海话中，就有[p]/[b]、[t]/[d]、[k]/[g]这种清、浊音的对应关系，所以操上海方言的学生在学习英语的清、浊音时就可能产生正向迁移。

许多学者认为，我国学生的母语汉语与所学的第二语言英语在语法结构上差异很大。按照语言类型学，汉语属分析型语言，用语序、复合词及虚词等手段来表达语言逻辑；英语属词形变化复杂的综合型语言。这样看来似乎汉语与英语之间没有什么语法迁移可言，其实分类只表明某一种语言的语法基本特征，而不是全部特征。英语虽是综合型语言，但在某些情况下也用词序或虚词来表示词与词之间的关系，汉语与英语之间的语法迁移有时是可能的。由于汉语组和法语组同样具有高级英语水平，因而两者在测试中的不同表现并不是因为英语水平不同所致，而是由母语的差异造成的。法语关系从句的结构与英语相似，所以法国学生在学习英语关系从句时并没有困难，他们只需将母语的参数值正向迁移到英语中去，便能正确运用英语关系从句。相反，汉语关系从句不涉及移位，所以与法国学生相比，中国学生较难掌握英语关系从句的结构。这项研究也说明了母语知识的正向迁移在外语学习中的作用。

三、二语水平

在中国,第二语言的学习已经蔚然成风。在大部分英语学习者的印象中,英语水平指的是英语的听、说、读、写四项基本技能。对英语学习者来说,提高英语水平就是提高这四项基本技能。除了英语学习之外,法语、德语、日语、西班牙语、葡萄牙语等多种第二语言的学习之风也与日俱增。其实,从广义上讲,“第二语言水平”不只指这四项基本技能。诸多语言学家对“第二语言水平”的概念做了详尽的解释,其解释不仅有利于第二语言学习者走出对“第二语言水平”认识的误区或对其狭隘的认识,正确认识自己学习第二语言所要达到的语言水平,还有利于第二语言研究者选择适合研究目的的“第二语言水平”组成要素进行实践性研究。

(一)二语水平概念的发展和分析

“语言水平”是个复杂的概念,它与学习环境、学习者的特点、学习过程、学习结果、学习条件等因素联系在一起。根据《朗文语言教学及应用语言学词典》,“语言水平”指的是一个人因特定目的而使用一种语言的技能。“水平”指的是一个人使用一种语言技能达到何种程度,例如一个人读、写、说或者是理解一种语言的程度,可以通过水平测试来衡量。因此,“第二语言水平”指的就是一个人因特定目的使用第二种语言技能的程度。

第一种对“第二语言水平”的看法主要认为第二语言水平由语言知识构成,即由语音、词汇、语法构成。此种看法忽略了语言的交际功能,早就被淘汰了。中国早期的英语教学主要注重英语的语言知识而忽略了语言的交际功能,学习者的语言交际能力都较差。

第二种是 Lado 于 1961 年提出的,主要认为第二语言水平是由知识和技能两大部分组成的:知识包括语法、词汇和语音;技能包括听、说、读、写。Lado 对语言水平概念的解释较之第一种有很大进步,因为听、说、读、写四项基本技能强调的不仅是语言知识还有语言的交际性。听和说作为口头交际的两个必不可少的因素,已成为衡量语言水平的必不可少的重要指标。并且,这四项基本技能成为第二语言教学中基本的教学科目和衡量学生第二语言水平的标准。中国现在的英语教学仍以这四项基本的语言技能为基础。

语言水平通常被描述为包括语言能力和交际能力。“能力”从最抽象以及最深心理层面阐释了语言水平(其中包括第二语言水平)。当今,语言水平的概念更倾向于强调学习者的交际能力,而不仅仅是语言知识能力。。

交际能力有多种定义,交际能力包括语法能力、社会语言学能力、话语能力、策略能力。语法能力就是语言知识能力,包括词汇、词法、句法、语义学和语音学方面的语言知识。社会语言学能力指的是对发生交际行为的社会环境的理解,包括对角色关系、交际者的共享信息、以互动为交际目的的理解。此能力强调的是在合适的语境下使用语言。话语能力指的是在连续的语篇中把句子联系起来的能力以及把连续的言语划分成有意义的句群的能力。话语内容包括简单对话和冗长的书写文本。策略能力是指在交际过程中由于表现变量或能力的不足而用来补偿交际中断的一些言语和非言语的交际策略。

由此可见,语言水平可以解释为交际能力,这使语言水平的概念更加具体化。语言水平不仅包括语言知识,而且包括了交际因素,诸如交际者、交际环境等;同时,后三种能力也体现了语用能力在语言水平中的重要性。

此外,大部分第二语言学习者的语言水平介于零语言水平和母语者的语言水平之间。母语水平具有以下特点:

1)本能性地掌握语言形式;

2)本能性地掌握语言形式表达中所包含的语言、认知、情意和社会文化意义;

3)尽量关注语言交际的目的并尽量忽略语言形式的能力;

4)语言使用的创造性。

对第二语言学习者来说,在非第二语言的环境下学习第二语言是比较难以达到母语水平的,因为母语水平不仅依赖第二语言的输入,同时也需要有学习第二语言的环境。大部分中国人在中国(或其他非英语国家)学习英语,加上中国先前的英语教育注重笔头和语法,即注重英语的语言形式,以为懂得语言形式就等于掌握了一门语言,其实忽略了语言的交际功能,出现了“哑巴英语”。当时的英语学习缺少足够的英语输入和输出环境，学习者离英语母语水平较远。

“第二语言水平”也可指标准化测试，即衡量某人对一种语言掌握的情况的测试。通常情况下，我们问及某人的第二语言水平达到什么程度，某人的回答是他（或她）通过了 CET、GET、TEM、TOFEL，等等。此时，人们用第二语言水平测试来衡量第二语言水平。但是，当今的语言水平测试，似乎测试的只是第二语言水平的某些方面，例如语言使用中被分解的组成部分或明显组成部分；但是，到目前为止第二语言水平测试还无法测试第二语言学习者掌握语言的本能性、语言的交际性或者创造性等方面的水平。各种语言测试通常是针对某个教学目标，对于衡量学习者的语言水平并不完全有效。

在不同情况下，“第二语言水平”可以指第二语言知识、技能、交际能力、水平测试等。当今，“第二语言水平”倾向于强调学习者的第二语言交际能力而不是第二语言知识。语言学者使“第二语言水平”概念的理解不断具体化，这对第二语言教学提出了更高的要求。同时，第二语言水平测试也需要不断发展和完善，使之能较全面地衡量学习者的第二语言水平以及更好地掌握第二语言。

（二）二语水平与语用迁移研究

1. 文献综述

二语水平越低，语用迁移越少；二语水平越高，语用迁移越多。他们认为，既然二语水平更高的学习者能控制目的语，足以在语用水平上表达母语中自然表达的感情，那么相对于二语水平较低的学习者来说，他们更有可能将母语中的社会文化准则迁移到目的语表达中去。由于缺乏足够的目的语（语言）知识，低水平学习者不能够将复杂的母语语用知识迁移到目的语中去，即不能够用目的语表达出母语语用知识。他们随后对不同水平的日本英语学习者用目的语实施的拒绝言语行为进行了研究。结果表明，外语学习者内部预期的语言水平差异对语用迁移的影响并没有出现。至于英语二语学习者被试，语义程式的顺序和频率也只是微弱地证实了他们的正相关假设。虽然该研究没能够明确证明研究者预测的语言水平对语用迁移的影响，它却是第一个明确考察不同的二语水平以及外语和二语语境对语用迁移现象有何影响的研究。缺乏目的语复杂的语言知识有可能阻碍丹麦英语学习者将本族语中常用的道歉策略迁移到目的语中去。因此,这些发现表明,即使二语学习者想将母语语用知识迁移到目的语中去,有时也做不到,因为他们没有足够的语言能力用合适的目的语语言形式去表达母语的文化准则。

综上所述,在二语习得中,学习者往往借助母语知识使用和理解语言,母语语用知识的迁移现象较为普遍。当学习者因缺少必要的二语知识而出现表达困难时,往往会求助于母语来弥补这种不足,将母语中的语用语言和社交语用知识迁移到目的语中。但是,不同的二语语言水平学习者言语行为中表现出的语用迁移情况并不一样。目前中介语语用学领域有关语言水平与语用迁移关系的研究并不太多,而且这些研究的结果发现也不一致,仍有许多不足之处。其中最明显的就是如何确立被试之间的水平差异。

2. 二语水平与语用迁移之间的关系

前人对二语水平与语用迁移之间关系的研究有很多的争议。有人认为随着二语水平的提高,语用迁移也会增加;而一些研究者则认为随着二语水平的提高,语用迁移会减少。通过调查学习英语的日本人的拒绝言语行为,研究英语水平与语用迁移之间的关系。他们认为,英语水平较高的学习者,因为对语言的驾驭能力较强,更容易把母语中的一些文化习惯迁移到二语表达当中,也就是说会发生更多的语用迁移。

对中国英语学习者恭维应答语中英语水平和语用迁移的关系研究显示,英语水平不同的学习者对于恭维应答策略的选择没有明显不同。中国英语学习者恭维应答语中二语水平对语用迁移产生的影响研究结果显示,随着二语水平的提高,学习者的语用迁移会相对减少。以上研究调查了二语水平和语用迁移的关系,但是大部分只是使用了不同策略的百分比作为衡量语用迁移的标准,很少有人研究不同类型的语用迁移的发展变化。而不同类型的语用迁移的发展情况是衡量英语学习者语用能力的很重要的标准。为了较为全面地解释恭维应答语中二语水平和语用迁移的关系,本书不仅对比不同策略的分布,还考察了两个语言水平组之间不同类型的语用迁移是如何变化的。

四、二语学习策略

长期以来,人们注意到无论是在母语习得还是二语习得中,都存在着理解能力和产出能力相差悬殊的现象。比如,儿童在一岁以前或二语习得者在某一阶段都能理解带有从句的复合结构,但却不能说出带有这样结构的句子;再如,学习者已掌握了大量的词汇,能够阅读英文资料,但却无法在说话和写作时,使用大脑中的大部分心理词汇。这一现象在中国外语学习者身上体现得尤为明显。原因之一自然是使用语言交流的机会少。但我们是否能从另一个角度——从学习的过程中或大脑加工信息的过程中寻找原因呢?如果语言的理解和产出需要两种不同水平能力的话,我们能否在教和学的过程中,尽可能地缩短从理解上升到产出所需的时间,甚至将其合二为一呢?例如,当遇到一个新词时,我们不仅能在下一次遇到这个词时识别它,而且也能在说话和写作中运用它。本节对这些问题做了一些尝试性的探讨,提出了提高产出意识这一思想,希望能引起外语界同仁更广泛的重视和更深入的研究。值得一提的是,随着神经语言学及认知科学的发展,人们对人脑加工信息过程的了解越来越深入,使二语习得研究与认知科学日益结合,从而使有意识学习策略的研究在国外日益受到重视。笔者以为,国内学者亦应且完全可以走在这方面研究的前列。

(一)理解、产出及提高学习者产出意识的重要性和可行性

理解和产出,在本书中既指语言的理解和产出,也指理解能力和产出能力。以英语学习者为例,理解能力是学习者听、读英语的能力,而产出能力则是学习者说、写英语的能力。这种听、说、读、写的能力,实与语言能力相当。同时,学习者听、说、读、写的活动又同语言运用无异。

在语言的理解和语言的产出上,我们期待学习者更应重视后者。第一,学习语言的目的是交际,而对大多数的外语学习者来说,产出(即说、写)能力是他们的弱项。第二,与理解(即听、读)能力相比,产出能力是更高水平、更高层次的能力。一般而言,理解是产出的前提。当我们能够自由地说英语的时候,想必已能听懂英语。

以韩礼德的功能说为理论基础的交际教学法认为,提高英语学习者产出能力的方法是增加说、写英语的机会。但笔者认为,缺少交流、语言输出少并不是导致学习者语言理解能力和产出能力不平衡的唯一原因。尽管二语学习者的学习环境一般不如儿童习得母语的环境,然而说、写的机会还是相当多的。因此,我们以为,产生这种不平衡现象的原因要从学习的过程中去找,从人们大脑加工信息的过程及学习习惯中去分析。

人脑加工处理信息分为语言的识别、理解和产出几个层次。其中,理解和产出是这一过程的两个终端行为,是学习者表现出来的、可以观察到的行为。而认知过程总是由浅到深的,人们往往将学习分为几个阶段:先是理解,再是记忆、储存。至于何时以及哪些已储存的知识能被运用(产出),则顺其自然。在心理学上,从理解、储存到产出之前的阶段被称作“孵化期”。就像人的工作记忆一样,孵化期的长短因人而异,也可通过训练而改变。可是,就现在所知,还没有人有意识地去缩短自己的“孵化期”,有时,甚至还人为地拉长了这一吸收过程。这种只满足于理解层面上的学习习惯,在学习外语时就造成了学习者可理解的信息(语法和词汇)远大于其所能产出的部分,以致人们能产出的语言只能是能理解的语言的一小部分。虽然这种学习习惯符合人脑加工信息的过程和认知心理,但对外语学习者非常不利。

事实上,改变这一习惯,缩短外语学习中的“孵化期”,缩短从理解到产出的时间,甚至将其合二为一是可能的。以下试举两例并以资说明。

例一

人们在国外目的语环境中学习英语比在国内要快、要好,原因之一就是他们能将新学到的词语及时运用,将从理解到产出语言信息的时间缩短,尽快地将输入转化为输出,把理解信息和产出信息这两个层面上的能力很好地结合起来。尽管理解和输出属于大脑的两个不同区域的功能,但这不等于说从理解到产出所需的时间不能被缩短,就好比从工作记忆到长期记忆的过渡一样。如背诵,经过强化训练我们不仅可以人为地缩短这一过程,而且还可以增大长期记忆中的信息量。儿童习得母语时,也有这一优势。把听到的词语,在理解的基础上马上说出来,可以更深层地加工信息,加强记忆,使之尽快过渡到长期记忆中去。而自由输出的词语,大部分是来自长期记忆。因此,如果在学习过程中尽可能地将理解和产出合二为一,则可加深记忆,将储存在短期记忆中的词语迅速过渡到长期记忆中去,而关键是提高学习者的产出意识。心理学有关记忆的研究表明,注意有助于加深记忆。这些语言学家们目前所做的实验主要是考察受试者注意与不注意语言结构形式所导致的最后在语言运用上的差别。而我们与他们不同的是到底要注意到什么程度,我们提出的提高学习者产出意识不单是要注意某一结构或语言表达,更重要的是在学习某一语言结构或表达时能将它直接运用,因为这才是最深层次的注意,也是最有利于学习者将所学知识转变为长期记忆的语义记忆的方法之一。

例二

几乎每一个成功的学习者都曾采用背诵和模仿这一学习外语的策略。这一策略之所以收效较好,就在于它能缩短从理解到产出的过程,使所背诵的材料能够迅速转移到大脑中成为长期记忆。像这样将输入强化后,学习者可以内化该语言材料中所包含的句法结构及词汇,并在"孵化期"之后将其重新组织,从而出现在学习者的自由输出中。目前,人们还不清楚大脑究竟是如何加工并重组背诵的语言材料的,但在这"一背一忘"的过程中,学习者的外语能力确有提高是不容怀疑的事实。

我们曾说理解是产出的前提,但理解并不一定在产出之前。如儿童有时先会说一个词,而过一段时间才知道该词的意思。正如我们小时候背诵唐诗一样,尽管还不能完全弄懂它的意思,但背诵之后,慢慢也就理解了。在外语学习中,产出可以先于理解或至少可以同时进行,这点理应引起广大教师的重视。

(二)有关语法学的建议

前面提到,学习者所能理解的句子结构远远超出其语言输出中所能自由运用的。那么,如何通过提高语法生成意识,使学习者将已掌握的句法知识创造性地用于语言产出上呢?如何培养学生有意识地总结、归纳语法知识,在说、写英语时扩展句子结构,以免作文中满是简单句或重复使用定语从句呢?提高语法的生成意识不仅限于学习语法的过程中,还可以用在阅读中,注意英语本族人说英语的句子特点,从而改善自己过渡语的篇章效果。

总之,如果单靠我们习得的语法能力去写作,语言自然会显得贫乏。因为通常情况下,产出能力毕竟只占理解能力的一小部分。虽然我们重视无意识的习得,但是如果我们在学习语法知识时,能够稍微注意一下用所学语法去产出句子,这样不是对原有能力的一种补充吗?在有意识地扩展句子结构使之多样化的同时,学习者的语言创造能力也就体现出来了。而能够创造性地使用语言,这才是语法能力的体现,也是学习语法的真正目的。

(三)有关词汇学习的建议

在词汇学习上提高产出意识,总的思想是,学习者在遇到生词时,不应仅仅满足于理解和记忆,而应在理解的基础上借助于字典尝试用该词造句。作为英语教师,应避免"遍地开花式"地讲解生词,即遇到一个生词,扩展到与此有关的所有可能的意义。实践证明,在教师全面讲解该词后,留在学生记忆中的往往很有限。教师费力不讨好,学生也由主动学习变成了被动学习。

在词汇处理上采用将理解和产出结合的方法时有两条原则:第一,不求学生对每一个生词在能理解的同时也能使用该词;第二,即使是重点词,也不要求学生了解其一切用法,而只求掌握其主要的意义和词性转换以及与该词相关的短语或习语,并用该词造句。以"enforce"一词为例,通常学生在上课前已在《英汉双解字典》上查出了以上这些要求,并参阅了例句。在课上讲解课文遇到该词时,如果时间允许,笔者会先请一位同学用英语解释该词,然后造句。有不妥的地方,教师会予以纠正。这样,班上每位同学都跟随那位同学一起学习了一次。如果说,某位同学查一遍字典还没有使他记住许多有关"enforce"的用法的话,现在他对此词的记忆应该比上课之前加深了。不仅如此,在下次上课开始时,笔者会给学生听写单词,有一部分单词还要他们用于造句。在改作业的时候,学生造句中的欠妥之处也可得到改正。

在最初实践这一方法时,学生很头痛,最怕听写。但一个学期下来,他们已经习惯了这样的学习方法。现在,学生基本上都已养成了学生词时顺便造句的习惯,笔者课上也就不必再花费时间在词汇上了。更重要的一环是,我们在期中、期末考试中,也这样考查生词、短语和语法的生成能力。

(四)有关测试的建议

记忆的过程分三个阶段:习得、关联和检索。实验表明,许多记忆的失败并非是人们没有将信息存储在记忆中,而是没有成功地将该信息从记忆中检索出来。例如,学习者一时语塞,找不到一个确切的词来表达自己,但过后看到这个词时,又马上意识到自己实际上是知道这个词的。语言测试主要是检查学习者已储存在长期记忆中的语言信息。检索记忆信息的方式有两种:一种是识别,一种是回忆。据此,心理学上将测试的类型也分为两种:识别考试和回忆考试。

很显然,回忆考试的要求高些,它考的是学习者的产出能力。识别考试的形式为多项选择题或判断对错等;而回忆考试多采取填空题、简短问答题等形式。因此可以看出,在托福等国外考试形式的影响下,我国目前各级英语测试大多是以识别考试为主,这是为了阅卷方便,节省人力、物力。但正是这种考试形式,使学习者养成了在学习英语时只停留在对语法、词汇等语言知识的识别和理解的层次上,而不注重提高自己运用语言知识生成语言的能力。其实,如前所述,只要学习者在理解的基础上再进一步,便可步入柳暗花明的境界了。

总之,由于测试在教学中所起的关键作用,学习者产出意识的唤起亟待这根"指挥棒"的转向,即在考试中让学习者产出语言,运用语言。托福考试在国际上日渐失宠,雅思考试的地位正在上升,恰恰是因为前者不考语言运用,而后者特别重视语言运用能力。

五、二语习得情感因素

外语学习除本身的特点外,其他主客观因素对外语学习也有很大影响。主观因素是与学习者本人素质有关的因素,如认知差异、情感因素和年龄影响等。语言学习的认知方面一直颇受学界重视,但随着人文主义心理学的发展,教育中的情感因素也越来越受到关注。这里提出一个问题:学习者过渡语的发展速度和最终水平呈现个体差异,是否与此密切相关呢?如果承认所有的正常人具有相同的语言认知天赋,先天的"语言官能"人人有之,那么,后天获得的触发输入至关重要。如何获得并利用这些输入似乎与个人的性格、态度、动机等情感因素密切相关，第二语言习得研究领域的情感研究借鉴心理学和社会学的有关成果。学习者对语言材料的输入（无论来自教师的还是教科书）并不是全部吸收，学习者的学习动机、对语言的自信心等心理因素对语言材料有筛选。心理情感因素的障碍越小，语言的输入越顺利，学习效果也就越好。

研究语言学习中的情感问题有两方面的重要意义。第一，解决情感问题有助于提高语言学习效果。消极情感如焦虑、害怕、愤怒、沮丧、厌恶等都会影响学习潜力的正常发挥。如果学习者受消极情感影响太大，再好的教师、教材、教学方法也无济于事。与此相反，积极情感如自尊、自信、愉快等能创造有利于学习的心理状态。第二，解决情感问题也是促进人的发展的一个重要方面。从这个意义上说，情感已经不是语言教学的问题，甚至不是教育本身的问题，而是人的发展问题。当然教育的重要目的之一也是促进人的发展。但过去的教育过于强调大脑的理性和认知功能，而忽略了非理性方面的发展，造成了情感空白。与其他学科一样，语言教育也应该以促进人的发展为目标。因此，既关注认知也关注情感是语言教学中不可或缺的。

（一）情感因素的界定和类别

要对情感因素与语言学习的关系进行研究，我们必须先界定情感因素这一概念。情感是一种心理属性，易于感觉而难以定义。广义的情感包括制约行为的感情、感觉、心情、态度等方面。当语言习得者没有动机，缺少自信或心情焦虑，有防范心理时，其心理屏障会增强。影响学习的各种因素相互交织在一起，难以将某一个因素单独分离出来。常见的因素如下。

1. 焦虑程度

焦虑可能是最妨碍学习过程的情感因素，与不安、失意、自我怀疑、忧虑、紧张等不良感觉有关。焦虑分为三类：气质型，一次型（或状态型）和情景型。气质型焦虑是一种更持久的焦虑倾向，是个性的一个方面。一次型（或状态型）焦虑是某一刻产生的忧虑心情，是气质型和情景型焦虑的结合产物。情景型焦虑是由具体情景、事务(如公开发言、考试等)激发出来的焦虑心情。学生的竞争天性能产生焦虑,因为学生会拿自己和同学做比较,一旦发现他人比自己强、表现比自己好时就会产生焦虑情绪。其他原因包括文化冲击,即学生担心在目的语文化中失去自我、失去个性等。对课堂环境下的学生而言,常见的三个原因是:担心用目的语交际时不流利、出错,害怕考试,害怕被评价太低。

焦虑就其作用而言,也可分成两大类:促进型和妨碍型。一方面,在学习和使用语言过程中,当学生的自尊受到一定威胁时,他们可能会勇敢地面对挑战,即希望通过加倍努力来学好英语,使自己在课堂上和在使用语言时表现出色。对于这类学生来说,焦虑促进了学习动力的提高。另一方面,有的学生自我意识比较强,过于在意他人对自己的评价,时刻担心出错,从而导致焦虑感过强。为了获得心理安全感,他们会尽量避开可能引起心理不安的场面。焦虑感强的学生往往处处显得被动,如不敢主动参加各种英语活动,上课不主动与教师配合,担心教师提问,甚至逃课,等等。

课堂上出现焦虑会产生不利影响。学生会因焦虑而紧张,造成课堂表现差,过分担心能耗费学生本来可以用于记忆和思考的精力。笔者认为,焦虑除了类型有别外,还应该有一个程度问题,尽管焦虑的程度难以确定。人们在学习新课程、新语言前都有一定的焦虑,但是担心学习不好时也可能产生更大的学习动力。对焦虑的认识不应该只停留在它的不利方面。

2. 抑制

与焦虑类似的一个情感因素是抑制。抑制是个性特征的重要组成部分,是个体采取防范手段保护自我而表现出的焦虑。人们的语言自我有不同的适应性,第二语言习得者应付个性、认同冲突的能力各异。例如,儿童在成长过程中逐渐形成一种自我形象,即把自己与他人区别开来的意识。随着这种意识的逐渐增强,儿童要学会如何保护还不完全成熟的自我。保护的方式之一就是回避那些可能给自我带来威胁的言行,这种行为即是抑制。来自外界的批评和嘲讽对自我形象的打击很大,所以经常受批评和嘲讽的人自我表现保护意识很强,他们的抑制程度也高。第二语言习得者在学习过程中不可避免地要进行各种尝试,而且可能犯错误,而错误有时可能带来批评和嘲讽。因此,自我表现形象比较脆弱的学习者往往因为怕犯错误而不参加语言活动。这就是语言学习中的抑制行为。虽然抑制影响学习,但它是可以克服的。

3. 动机

动机通常指学生为了满足学习愿望所做出的努力。动机分成工具型和综合型两类。前者指学习者的功能性目标,如找工作或到国外旅游,或是为了通过考试等。这种动机的存在无疑对语言学习有一定的促进作用。但是这类学习者只学习他们认为有必要的内容,而且一旦达到使用性的目的,他们的语言学习就停止了。后者指学习者有与目的语文化结合的愿望。具有这种动机的人对所学的语言和它反映的文化都很感兴趣。他们乐于接触外族人,有了解其他民族文化的愿望,并愿意与之交往。除了以上两类外,还有结果型动机(即源于成功学习的动机)、任务型动机(即内在动机——学习者在执行不同任务时体会到的兴趣)、控他欲动机(即学习语言的愿望源自对付和控制目的语的本族者)。

4. 态度

态度包括两方面:一是学习者对所学的外语及文化的态度,二是对语言教师和学习环境的态度。态度与学习动机有密切联系,对所学语言及其文化有好感,则学习兴趣浓,动力足。如果学习者觉得在学习环境中能够放松,心情愉快,并喜欢语言教师,就能主动学习,乐于接受教师提供的语言输入。如果学习者对所学语言及文化不感兴趣或执有某种偏见,害怕被外国文化同化等,那么他的学习是被动的,而且进步缓慢。

5. 性格

人的性格通常可分为内向型和外向型两种。一般认为,性格外向有利于语言学习,性格内向不利于语言学习。性格外向者能积极参与语言学习活动,从而能获得更多的可理解输入;而性格内向者由于自我约束太多而很少参与语言学习活动,从而失去很多学习机会。实际上,外向者更需要得到外界的承认来维护自我和自尊,希望他人把自己看作独立整体;而内向者从自身获得这种感受,他们有较强的毅力和很高程度的移情感受，这种品质对语言学习是非常有利的。目前还很难说哪一种性格与第二语言习得的成功直接有关。

6. 自尊

这种情感源自人们对自我价值的判断，实际上，它是个人的自信程度。我们的内心体验和与外界的交往均会影响自尊。自尊可分为三个不同层次：整体型、情景型和任务型。整体型指总的自尊心。情景型是具体情景下对自我的评价。任务型与具体任务有关。所有这三种自尊与口语表达呈正相关。在能增强自尊心的氛围中学习能促进认识能力的发挥，屡次的失败会逐渐损害学习者的自尊，从而导致最终的失败。

7. 移情

移情是语言交往中的重要情感因素。移情指能够想象和领会别人的思想、情感和观点并产生共鸣。移情不仅是人们设身处地理解他人，而且要求对自己有足够的认识。比如，教师只有把握了自己的情感，才能在与学生的交往中体现移情特征。但是移情不等于放弃自己的感觉方式和理解，也不等于同意他人的观点。移情只是对他人或他文化的欣赏，使人认识到自己的方式（语言、文化、举止等）不是唯一的，也不一定是最好的。课堂环境下的移情有利于语言学习和交流的发展。

（二）情感因素对外语教学的启示

对于情感因素理论的研究能够帮助外语教师把注意力转向学习者，尤其是注重对学生心理的研究和分析，否则教师自身水平的提高方法及改进将是盲目的。虽然心理情感的障碍是学习者自身的因素，但是，在教学活动中外语教师在消除学生的心理障碍方面也能有所作为。

1. 爱护学生的自信心，降低焦虑感

教师对学生的语言学习要充分地给予鼓励性的评判。纠正语言错误要区别对待，对性格内向、自信心弱的学生要避免当众纠错，防止加重其自卑感。教师与学生在课堂上要有双向交流，课桌椅的摆放应有助于这种交流。师生要能做到平等、信任、无隔阂、无畏惧。学生表现出色，教师要及时鼓励；出现错误，允许学生自我解嘲。在这种良好的师生关系和轻松和谐的环境里,学生的学习效率才能提高。

课堂上,教师既要鼓励学生大胆地使用外语进行交际,也应允许学生有沉默不语的权利。勉强要求他们回答问题、表达观点,会使他们增加心理负担,焦虑感上升,因此,课堂上外语教师的耐心尤为重要。教学的内容,即语言的输入要由浅入深。材料难度太大,只照顾少数学生的需要,会使其他学生无所适从,情绪受到压抑,自尊心和自信心受到挫伤。教师要对学生之间的差异采取接受和宽容的态度。每位学生都是一个独立存在的个体,他们有不同的学习动机、性格特征和学习风格。如果对每个人都做整齐划一的要求,会增加他们的焦虑感,使他们对学习目标望而生畏,这样就容易形成拔苗助长的情况,欲速则不达。所以,我们应允许学生按他们的特点和专长来发展自己。

2. 用语言实践活动激发学习动机

现在,部分大学生在进入大学后,由于主客观原因容易产生动力不足的情况。语言教师除了改进教学方法,使学生学有所获,并产生浓厚兴趣外,还要通过不同形式的语言实践活动来激发学生的学习动力。例如,我们可以请学生为涉外单位翻译外语文献,设计、制作外语广告,也可发动、鼓励学生自己寻找机会,参与外语活动。为了不影响学习者的学习动机,笔者建议教师应该避免四种活动:第一,学生认为不愉快的活动;第二,与学生学习目标相冲突的活动;第三,低于或超出学生应付能力的活动;第四,有损学生自我形象和社会形象的活动。在大量的语言实践活动中,学生最大限度地应用自己的语言技能,能够产生愉快的情绪体验,同时,他们还能切身体会到学到的知识和技能确实有用,这无疑能产生进一步学习的强烈愿望与动机,因为心理学家告诉我们,需要是动力产生的基础。

3. 加强文化内容的介绍,培养学生对外语及其文化的热情与好感

语言不是语音、语法和词汇的简单综合,它是文化的载体,与文化密不可分。所以,外语教学应有意识地增加文化内容,要充分利用图片、幻灯片、电影、电视等直观教具介绍所学语言国家的政治、历史、地理、宗教信仰、思维方式及生活习俗。介绍文化能帮助学生正确地理解和得体地使用外语,而且还能激发学生的好奇心及了解外国文化的兴趣和欲望,减少学生对外国语言文化的陌生感。这样,语言的

学习与文化的了解能取得相得益彰的效果,也只有这样才能达到培养学生跨文化意识和跨文化交际能力的最终目的。

总之,情感因素渗透到外语和第二语言学习的每一个方面,它直接影响教学过程和教学效果,教师和外语学习者都应给予高度重视。在大学英语教学中必须重视情感和认知的统一,实现教师情感和学生情感的有机结合,也只有做到以人为本、以情促教,才能切实提高英语教学的质量,收到事半功倍的效果。

第四节 二语习得的外在因素

一、语言环境

英联邦国家,如印度、巴基斯坦,其国民只要接受过初等教育,都能用英语交际。凡是与这些国家和地区交往过的人,都会发现,尽管他们中的大多数英语语音不纯正,有的离标准英语相差甚远,但一般都能用英语与英语本族人进行交谈。而我国内地的学生,英语学了多年,却很难与英语本族人自由交谈。究其原因,那就是我们缺乏英语语言环境。语言环境对英语学习的重要性似乎是不言而喻的。但有相当一部分教育行政决策者对外语语言环境的重要性并未给予足够的重视。如有的人把英语教育与其他文理学科教育等同起来,认为语言实验室可多可少、可有可无,增添语言实验设备没必要。有的中学投入巨资建起了多媒体语言实验室,但多半是为了装点门面,应付评比验收,这些先进设施基本上被闲置封存不用。出现这些不正常现象的根本原因是,部分教育工作者缺乏外语语言环境意识,没有认识到外语语言环境对外语学习的重要性。

(一)语言环境的定义

本书讨论的语言环境是指产生、提供语言输入的环境,一般包括语言学习者在学习一门新语言时所听到和读到的一切书面语言材料、语言环境,还包括习得语言时的具体环境,如教室、学习中的同伴之间的交谈、师生之间的交谈以及课外的语言接触,如看电视、读报纸等。在目的语国家学习该语言时语言环境广阔连续,而在自己的祖国学习一门外语时语言环境范围狭小、时间有限。譬如,在美国学英语便可随时随地听到、见到、读到英语,具有充分的语言环境;而在中国学习英语的人只能从教师、同学、磁带和收音机那里听到有声英语,从书刊上读到书面英语,因而只具有有限的语言环境。

(二)语言环境的分类及其功能

1. 宏观语言环境及其功能

宏观语言环境分为目的语社团或国家的宏观语言环境、学习者社团或国家的宏观语言环境。

(1)目的语社团或国家的宏观语言环境由该目的语所属的社团或国家的政治、经济、文化地位,语言政策,语言使用人口,教学、科研、管理的总体水平等构成。一般来说,一个国家的综合国力和国际地位,某种程度上决定了该国的语言地位和价值;另一方面,随着该种语言的推广和传播反过来又能提高使用该种语言的国家和民族的国际地位。此外,对外语言政策被认为是一国外交政策的重要组成部分,没有一个明智的对外语言政策便不可能有好的外交政策。人口因素也不可忽视,使用人口居多的语言,人们的态度也较肯定。教学、科研、管理的总体水平也会影响到学习者的信心。

(2)学习者社团或国家的宏观语言环境由该社团或国家的语言政策(提倡、排斥还是不置可否)、办学条件(好还是差)、社会舆论等构成。其中该语言对学习者国家民族的利益和价值是决定因素。

总之,宏观语言环境主要通过影响学习者的语言态度进而较大程度地影响学习者选择何种语言作为自己的第二语言。不过,宏观语言环境不是学习者选择第二语言的根本原因,学习者自身的生存和交际的需要才是关键的一环。

2. 微观语言环境及其功能

(1)课内环境:硬环境和软环境。

1)硬环境:由各种物理因素构成的环境,包括班级规模、教室的空间特点、教室的声、光、色、温度等。班级规模是指一个班级内学生人数的多少。班级规模首先会影响学生参与课堂活动的机会和程度，其次会影响学生的课堂纪律表现。班级过小，学生缺乏竞争和合作的机会；班级过大，内向或能力较差的学生往往被剥夺参与课堂活动的机会，并且容易诱发破坏课堂纪律的行为。对传统的直排式座位的广泛调查研究表明，教室内的座位对学生的课堂行为有重要影响。他们发现，教室前排到教室中间的地带课堂气氛活跃，他们将这个区域称为“行动区”。行动区的学生即前排和中排的学生，所受教师监控的压力较高。在这种有效监控下，学生比较容易认真听讲，积极反应。而离老师较远的区域称为“散压区”。该区域监控有效性低，学生容易分心，对课堂活动退缩旁观，反应冷漠。直排法中，书桌和座位的间隔也影响学生之间的相互作用和相互交流。赫斯顿和加纳认为半圆形和“U”字形（马蹄形）的座位编排较受欢迎。“U”字形座位一方面改变了行动区和散压区学生的待遇，另一方面能促进学生间的相互交流。

讲台在促进或破坏交流方面的作用也不可低估。蔡根哈夫特经过实验发现：不用讲台会使学生产生无拘束感，这样的老师会被学生看作愿意鼓励学生提出不同观点和准备给需要帮助的学生以个别辅导，而不是显示出不适当的偏爱。

环境光线过强会给脑细胞以劣性刺激，影响思维判断力；光线过弱则不能引起大脑足够的兴奋。关于教学环境温度的实验研究表明，最适宜学生智力活动的教室温度是20~25℃。环境温度每超1℃，学生的学习能力相应降低2%。颜色对情感和认知亦有显著影响。浅绿色和浅蓝色使人平静，解除大脑疲劳，提高用脑效率；而深黄色、深红色可使学生情绪激动，大脑兴奋，尔后又趋于抑制。悦耳适量的声音可使人轻松，70分贝以上的音响会使注意力分散，兴奋性减弱。

2）软环境：指动态、无形的环境，它以教材为依托，由师生互动而形成。轻松、愉快、活泼的课堂气氛，和睦友好的师生、同学关系，教师的高期望，明确一致的群体目标，学习中充满竞争与合作等，构成了良好的软环境。

教材、教师和学生是软环境的三个基本构件。这三者的关系好比乐谱、指挥家和演奏家的关系。其中，教师素质和水平是决定性的因素。教材则保证教学的方向性和系统性，提供一个教学框架，由教师和学生来共同填充。不好的教材会对教和学起阻碍作用。反过来教师对教材又有一定主动性，教师在教学过程中根据教学需要和学生的实际语言能力对教材进行加工,或删减,或增补,并掺进个人的知识和价值观念等。师生的互动作用取决于四条交流线和教师对自身角色的成功转换。

(2)课外环境:非目的语环境和目的语环境。

1)非目的语环境:语言文化资源严重匮乏,语言文化输入严重不足,第二语言获得缺乏自主性和生活的直接需要,同时也缺乏时间、空间和条件上的必要保证。因此,在非目的语环境下的第二语言教学中,如何激发和保持学习者的学习兴趣,如何加大语言输入量,如何让学习者理解目的语文化等问题变得异常重要。在教学实际中有的教师组织学生同吃、同住、同玩、同做作业来营造一个小的第二语言环境。为了能增加学生接触和运用目的语的机会,有的学校如美国的明德暑校、印第安纳暑校等采用"沉浸法"对学习者进行短期强化,使学习者第二语应用能力提高很快。

2)目的语环境:分为自然环境和人文环境。①自然环境:包括阅读材料(报纸、杂志、书籍、广告、商标等)、视听材料(广播、电视、电影、音频文件、计算机等)和口语。其中口语所在方言区域对学习者的影响较大。以汉语为例,北方方言区的口语环境则比非北方方言区更为有利。②人文环境:包括风俗习惯和文化历史传统。文化适应模式理论颇有启迪意义,该模式的中心命题是:"第二语言获得是文化适应的一个方面,一个人能将自己的文化与第二文化相适应多少决定了一个人获得的第二语言的成败。"社会变量和个人变量将决定文化适应的程度,其中社会变量从目的语社团和外语中学习社团的关系上看出,而个人变量则主要由个人的情感变量组成。社会变量包括:显性模式,指目的语社团和外语学习社团的地位是否平等;结合策略,指适应目的语社团的方式;封闭性指两社团被隔离的程度;凝聚性,指外语社团内部的聚合程度;还有外语学习社团的大小,在目的语社团居留的时间长短及文化和谐性等。个人变量则为心理距离。该模式表明:若文化适应受阻,第二语言获得也将受阻。其内在原因为文化适应程度通过对学习者输入开放度(即情感过滤程度)的影响,进而影响第二语言获得。

总之,课外目的语言环境主要涉及学习者的情感因素,该环境中以无意识的自然习得为主,这对课内环境中有意识语言学习的不足有较大的弥补作用。此外,目的语环境中语言资源鲜活、丰富,语境真实,是第二语言获得从知识到技能、从准确性到得体性、从浅层次到深层次转换的重要场所,也是第二语言教学目的实现的终点站。

(三)语言环境的类型及特点

一般来讲,语言环境大致可分为正式语言环境和非正式语言环境。

1. 正式语言环境(课堂语言环境)

课堂教学历来以有意识学习语言知识、规则和形式为中心,如我们设置的精读课和语法课均以此为目的。正式的语言教学会帮助学生有意识地习得语言规划和形式,而极少起到帮助学生进行无意识习得语言的作用,这样的环境只能起监控作用。这一观点似乎表明,正式语言环境不利于培养自然而有效地进行语言交际的潜意识语言能力。

在课堂教学中,教师除解释分析规则外还带学生朗读课文、操练句型,通过规则解释,学习者明确地学习目的语规则或例外情况。例如,语言教学一般按照一定的教学大纲(带有较大的主观性)进行,教学内容往往根据从易到难、由简至繁的原则安排。正式语言教学中,教师们试图影响学生的学习过程,他们控制学生的目的语接触,使学生意识到语言中的特性和结构,提供练习语言的机会,并让学生得到自己语言运用的反馈。基础阶段的典型做法是句型练习,这个活动可能在解释规则之前或之后进行。若先于规则解释,则目的是帮助学生发现规则,因而称作“归纳法”;若后于规则解释,则目的是操练解释过的规则以便熟练地运用,该法称为“演绎法”。句型练习的最大特点是,它是对语言形式的有意识练习。这种机械的操练并不是为表达意义、传递思想,学生在不理解句子意义的情况下也照样能进行此类练习。即使这样的语言形式的操练以对话的形式出现,其实质仍是机械的,其中心仍然是语法形式。

在各类强调正式语言环境的教学方法中,最著名、最典型的是语法翻译法。近年来有许多方法自称注重语言活动的自然性,但是只要仔细观察就会发现它们仍包含了许多语言形式的练习。例如,认知法虽然以学生为中心,充分发挥学生的积极性和主动性,但它仍离不开这一原则,即学生在教师的引导下通过对所学材料进行观察、分析、归纳等逻辑思维活动,自己发现规则对话和角色扮演等语言交际活动,这一行为并不能掩盖其有意识地学习语言规则的本质。这些教学方法似乎暗示着,明确的语言知识必须先于语言的自然运用。(如果真是如此,那么这个观点就与当今的研究成果相悖。)

但是,不论是过去的翻译法、直接法,后来的听说法、视听法,还是当今的沉默法、全身反应法,都培养出了优秀的语言人才——流利的第二语言运用者。虽然速度和效果有所不同,但我们不能否认其成功的一面。这是为什么呢?纵观所有的教学方法以及与之紧密相关的教学活动,我们不难发现所有的教学活动有一些共同的特点,其中最重要的是,任何教师(只要他在课堂使用目的语)都为学生提供了口头上的语言输入——教师式言语,并且教学用的阅读材料又为学生提供了书面语言输入,尽管可理解语言输入有限。

在过去三十多年中,人们越来越重视课堂中的语言活动,这也许是由于人们意识到教学法并不是决定语言学习成功的主要因素。调查比较了几种教学方法,如语法翻译法、听说法、认知法的效果,但无法确认哪一种方法比其他的更成功。对此的解释是:不同的教学方法尽管原则不同但是为学生提供了类似的课堂交际模式、类似的语言输入,所以学生的语言学习结果也相似。因此,我们不妨认为,正式语言环境下的第二语言学习中课堂交际语言(包括口头的和书面的)是影响学习成功的主要因素。

2. 非正式语言环境(自然语言环境)

所谓"自然",即语言学习者的注意力是放在交际的内容上而不是语言形式上,如儿童习得母语的环境基本上是自然的。学习语言的自然情景是多种多样的,如两个人之间的闲谈,听报告,商店里的语言交际活动等。这类语言活动的参与者(包括语言学习者和该语言的本族语者)运用各种各样的语言结构传递信息,注重的是意义而几乎没有意识到他们还在使用的语言规则和形式等。

目的语国家是最完整的自然语言环境,因为它提供的环境和儿童习得母语时的环境极为相近。日常生活为语言习得者提供了大量的机会,在大街上、商店里、电影院等地方随时随地都可听到、见到目的语材料。如果这些材料能被第二语言学习者理解,那么它们便成了可理解输入。除此之外,课堂教学是否也能提供自然的语言输入呢？回答是肯定的,只要教学活动能完全注重意义或信息的传递而不是语法规则,那么它便是自然的语言交际,或者说形成了暂时的自然语言环境。因此,我们认为在自己的祖国学习外语和在目的语国家学习都有机会接触到自然的可理解输入。这种机会的利用率因人而异,语言学习者的年龄、个性及学习动机等因素对此均有一定的影响。

(四)语言环境是掌握一门语言的必备条件

1. 语言只有在特定的语言环境中才能获得

语言学家和人类学家在探索人类语言本质的过程中发现,人类语言与动物信息传递的最主要的区别之一是:人类语言是一种文化传递,而动物的信息传递是一种基因遗传。绝大多数动物都无须经过学习就知道怎样进行交际。它们的信息传递系统是一种与生俱来的本能。实验表明,具有复杂信息传递系统的蜜蜂,其传递蜜源的舞蹈动作在世界各地的蜜蜂群之间基本上都是相同的。而人类语言就完全是另一回事,它需要一个长期的学习过程。一个孤立在语言环境之外长大的人是不会讲话的。传说中在狼群中长大的狼孩,当人们将他救出来时他什么话也不会说,这就是一个很好的例证。所谓的"文化传递"指的是特定的语言是人们在特定的语言环境中通过教和学一代一代传下来的。它是一个文化事实。人类语言能力的培养一定要有语言环境,离开具体的语言环境,再聪明的孩子也不会讲话。因此,可以这么说,语言环境是人类获得语言能力的决定性因素。这是由人类语言的本质决定的。

2. 语言环境对儿童习得母语的决定意义

在研究儿童习得母语过程中,人们发现,语言能力的发展受到成熟期和语言环境的制约。这个事实也使心理语言学家相信,人类学习语言是一种天生的能力。理性主义学派则把人类习得语言的能力视为一种天赋,认为婴儿生下来就拥有一套普遍语法,即一种语言习得机制。这种学说最有说服力的证据是儿童习得母语的客观事实。所有儿童,不论其肤色和种族,只要没有先天的生理障碍,即使在缺乏正规训练的条件下,也能在较短的时间里基本掌握母语。而且世界各民族儿童习得语言的过程极其相似。同时我们也注意到这样一个事实:儿童具有的这种“天赋”的语言能力必须置于特定的语言环境中才能习得。一个生长在中国的儿童,四五岁就基本上学会了讲汉语,如果出生后不久就把他送到英国去抚养,在语言环境的影响下,他就可能在不长的时间里学会讲英语。由此可见,儿童习得语言必须具备两个基本条件:先天的语言习得能力和后天的语言环境。既然先天的语言习得能力是一般正常儿童都具备的,我们可以假设它是一个不变的常数;语言环境则是一个变量,这种变量决定了人脑中先天就有的语言习得能力能不能形成某一种特定的语言。我们也不妨用内外因的原理来解释这两者之间的关系。语言能力是获得某种语言的内因;语言环境是条件,是外因。一般情况下是内因决定外因,但在内因条件具备的情况下,外因就起了决定的作用。既然凡是正常儿童都具备习得语言的能力,那么很显然,语言环境就成了儿童能否习得某种语言的决定性因素。

3. 外语学习更需要强调外语语言环境

儿童习得母语与语言学习者学习外语相比,除了两者的生理和心理因素不同以外,最重要的区别在于,前者有自然的语言环境基础,而后者则缺乏目的语的语言环境。儿童习得语言面对的是他所生活的周围客观世界,也是他习得语言的世界。在儿童生活的语言环境里,他所接触的语言自然、生动、真实,语言信息量大。在一天的生活中,除睡眠时间以外,他几乎都是浸泡在母语的语言环境之中。在这种语言环境里,由于接触的人多面广,语言重复率很高,一般日常用语,如问候、告别等,一天里他就可能会听到多次。此外,他会经常接触或听到不同年龄和不同性别的人、不同类型和不同题材的谈话。因此,在习得过程中,他不仅学会了语言本身,而且也学会了如何得体地使用语言,知道在什么情况下应该怎么讲,讲什么。在这种语言环境里,他不是为学语言而去学语言,而是为了与周围的人交际,为了获取知识才去习得语言的。因此,语言习得的过程是下意识的,潜移默化的,他的语言是在不知不觉中学会的。

外语学习则不同。外语学习者一般是在掌握了本族语之后才开始学习外语的,年龄大多数已过了所谓的习得语言的“关键期”。学习者生理和心理上已基本成熟。但与儿童习得母语相比,外语学习的最大特点是缺乏目的语的语言环境。在缺乏目的语的语言环境里,目的语的语言信息主要来自课堂和教科书,语言输入不仅量少,而且题材单一。在我国许多地方的学校,尤其是乡村中学,教材和教师课堂教学往往是主要的英语信息源。课堂教学局限在书面语上,语言单一,缺乏生机和活力。由于缺乏实际用英语交际的需要,许多学习者把应付考试作为外语学习的目的。我国英语教学界普遍存在重语言形式、轻交际功能和意义的现象,其客观原因主要是缺乏英语语言环境和实际交际的需要。

可是,对于这样一个对外语教学具有极其重要意义的课题,多年来却一直被忽视。一直以来,人们在研究外语教学规律时,往往把研究的重心放在改进教学方法、激发学生的学习热情、探讨学习方法上,而很少去探索如何开发和创造语言环境。在他们看来,语言环境是客观存在的事实,母语习得与外语学习的语言环境差异是不言而喻的,无须进行研究。殊不知正是语言环境的不同才产生教学目的、教学方法和学生学习目的及动机的不同。笔者认为,研究语言学习者的心理和探讨新的教学方法固然重要,但改善语言环境,在课余时间里,在校园范围内,创造开发用外语进行交际的环境,更可以激发学生学习外语的兴趣,更有效地提高外语学习效果。

如上所述,目的语的语言环境决定了儿童能否习得母语。同样,外语语言环境对外语学习的成败起着关键性的作用。母语的语言环境是自然的,人生下来就有的客观世界;而外语语言环境则需要积极地培育,用心去开发和创造。从这种意义上说,外语学习更需要强调外语语言环境,强调外语环境的开发和创造。

4. 语言环境是二语学习和外语学习的主要区别

二语和外语指的都是非本民族的语言,两者有着许多类似之处,但两者概念不同。前者指的是掌握本族语的人学习或生活在目的语的国家里,这个目的语就是他的第二语言。后者指的是在本民族的国家里学习另一种语言,这种语言就是他的外语。比如,一个讲汉语的中国人去美国生活,对他来说,英语就是他的第二语言;如果他在中国国内学英语,英语就是他的外语。对于二语和外语的区别,西方的一些学者在他们的著作中都有过论述。两者的区别主要有两点。一是二语学习和外语学习的目的不同。前者是为了参与所在国家的政治和经济生活的需要,即有用目的语进行交际的实际需要;而后者却出于种种不同的目的,如为了去目的语国家旅游、经商,或者为了阅读获取目的语国家的科技文献等。二是二语学习比外语学习有更多的语言环境支持。然而,人们注意到,许多西方学者后来更多的是把两者混为一谈,经常把二语和外语作为同义词来理解。西方学者之所以要“淡化”两者的区别,原因可能是他们把语言环境视为一种不可改变的客观事实,创造外语环境是一种需要经费投入的政府行为,不在他们的研究范围。另一种解释是,这些西方学者的本族语大多数是英语。由英语是本族语的人来研究以英语作为外语的教学,至少可以说,他们在语言环境方面没有自己的切身体会和感受。因此,在语言环境研究方面,我们很难指望西方学者会提供更多的帮助或启示。研究创造近似实际交际的外语语言环境的任务只能落在我们自己的肩上。

(五)语言环境对语言学习的影响

由于不同的语言环境对第二语言学习的效果有不同的影响,不少专家学者对此做过专门的研究和调查,得出了一些结论,也达成了一定的共识。

无论是正式语言环境还是非正式语言环境都有助于提高第二语言水平,但是通过的方式不同。语言吸入集中的非正式语言环境能为成人和儿童的语言习得机制的运转提供必要的输入。而课堂教学以这样两种方式起作用,作为正式语言环境,课堂教学为监控机制的发展提供孤立的规则和信息反馈。如果语言运用得到重视,课堂教学也为语言习得提供主要的、必需的语言材料。事实上,非正式语言环境要想有效地助推语言学习就必须提供大量的输入并让语言学习者直接参与到这一环境的活动中来。在直接接触语言输入时还要“吸入”这些输入,只有这样被吸入的输入才是语言习得机制所处理的真正输入。虽然课堂教学是有意识地教会语法知识,但是只要有目的语的自然运用,即为了交际目的而使用目的语,那么习得就会自然发生,尽管速度和程度有限。换言之,课堂教学具有双重性。

1. 课堂教学的作用

虽然研究结果表明语言形式和规则的教学不是学会流利的第二语言的最佳环境，但它却有一定的长处。首先，掌握一些低层次的不太复杂的语言规则有利于学习者适当地修正其语言行为，特别是在初始阶段。换言之，有意识地学会某些规则便于对输出进行监控，在某规则还没有被习得时，用学会的有意识规则替代或修正错误，以便提高语言运用的正确性。其次，对于大多数成年学习者而言，有意识地学语法规则会给他们带来心理上的满足，因为他们明确地意识到自己已经“掌握”了某某规则，有些学生在没有学习语法时反而觉得没有学到什么东西。但是，随着语言水平的提高，不少学生逐渐意识到，语法知识掌握得好并不一定意味着能正确、流利地进行交际，往往明明知道某一规则，可说出来却错了，即使经过反复练习仍不一定能正确地运用。

我们认为，语言学习者学习语法犹如长跑运动员学习肌肉是怎样运动的，掌握了肌肉运动方式并不能保证你成为优秀运动员。过分注重学习语法规则的人往往过分监控自己的输出，结果是说话犹豫、停顿多。

课堂教学有一个最大的弱点，即有意识传授的语言知识在语言运用中作用不太大。这一点可以从儿童习得语言（无论是母语还是第二语言）的现象中得到证明。正常儿童的语言学习总是成功的，而他们并不是靠有意识的学习才掌握语法规则的。作为成人，我们可以回想一下自己学习母语的情形，自己对母语语法规则又知道几条？我们没有有意识地学习母语规则却能毫无困难地、流利地运用母语。这就说明，有意识的语言知识并不是语言运用的先决条件。

2. 自然语言环境的作用

根据以往的经验，我们发现自然语言环境似乎能明显地提高并发展语言交际能力和技巧。自然地接触第二语言材料能使学习者无意识（潜意识）地习得语言技能。

“浸入式教学”的研究结果表明这种教学所提供的自然环境对语言习得非常有效。“浸入式教学”采用学生愿意学习的第二语言作为教学语言。从幼儿园开始这种教学一直延续到高年级的做法叫“完全浸入式”。有的课程用母语教学而另一些用第二语言进行教学的做法称为“部分浸入式”。在加拿大以法语作为教学语言的“完全浸入式教学”已有十几年的历史了。这种方式教出来的学生不但第二语言掌握得相当不错，而且母语语言技能也没有什么问题。

自然的语言环境是流利地掌握第二语言的必要条件之一，但它并不能保证百分之百成功，因为有许多因素制约着自然输入的充分利用，如有的语言输入不能被理解、缺乏沉默期、缺少提供正确语言模型的交际伙伴等。有的语言教师（同时也是学习者）有机会去目的语国家进修，但进修期间不能利用有利条件与目的语的本族语者打交道，回国后其语言水平依然如故。这一点与学习者的心理因素，特别是性格特点有极大关系。

3. 语言环境的对比研究

正式语言环境与自然语言环境从表面看似乎存在很大差异，从整体上看的确是有较大的区别，然而具体地从习得者或教师个人来考虑，这些差异被混合起来了，冲淡了。有的学生在教师面前有话说，能在课堂上与教师自然地交际；有的学生在课外喜欢和目的语的本族语者交谈。课堂也能为学生提供自然的交际机会，自然环境中的学习者也可能注意学习语言形式和规则。过分强调自然语言环境与正式语言环境之间的差别是不对的，与其把它们看作对立的环境倒不如把它们看成以不同程度为学习者提供同样或类似的交际机会。很显然，由于参加者和具体情景的影响，有的类型的交际在其中某一环境中会出现更多。

不同的语言环境并未明显地影响或改变语素的运用，但似乎对学习者目的语语法的使用策略有所影响。正式环境下的学习者过多地使用不必要的语素可解释为有意识知识（特别是尚未学会的规则）的过度监控。

（六）语言环境与成人语言学习

通过对比分析儿童与成人利用语言环境的差异，我们发现儿童在自然语言环境中学习第一语言和第二语言没有多大区别，他们对两种语言的掌握可以达到同等的程度。在这种情况下，他们不需要什么正式的语言课。成人却不同，由于种种原因，大部分成人要靠学习语言课程来掌握一门新语言，因此，绝大部分语言课程的开设是以成人为对象的。

课堂教学年数比在目的语国家居住的年数更好地预示着成人学习者的语言水平。这就说明成人更善于利用课堂教学而不是自然语言接触。我们认为,成人之所以能有效地利用课堂教学是因为有较强的学习动机,而自然环境中的交际对成人期望过高,语言输入的新信息比课堂上多,这些都妨碍着语言输入的有效利用。

(七)创造语言环境的实质和意义

Krashen 在他的《第二语言习得的原则和实践》(*Principles and Practice in Second Language Acquisition*)一书中提出了语言输入理论。该理论提出了五个基本假设,其核心是语言输入论。输入论认为,人类习得语言的唯一途径是接受大量的可理解输入。本书所论述的创造语言环境,其实质就是要开辟广阔的语言习得场所,营造良好的外语氛围,给学生提供大量的外语语言输入。创造外语语言环境的意义在于以下几点。

1. 扩大接触外语的机会,增加语言的输入量

如前所述,儿童习得母语与成人学习外语二者的最大区别是,前者有客观的语言环境,儿童无时无刻不在接受大量的、自然的语言输入;而后者的语言输入量极其有限,不仅量少,而且语体单一,语言信息大多来自书本。我国绝大多数中学的外语教学状况就是如此,基本停留在课本+教师+练习上,课时也至多不过每天一学时。辩证唯物主义的量变质变规律告诉我们:没有量变的积累,就不可能发生质变。在外语学习上,如果没有足够的语言输入,要掌握一门外语是不可能的。语言输入理论正是抓住了这个“量”字。我们的外语教学工作者如果能在外语输入的“量”字上做文章,开发创造外语语言环境,给学生提供大量的外语语言输入,给他们创造更多的接触外语的机会,这对促进外语教学无疑将是一个极大的推动力。

2. 有利于增强学生的语言习得

语言输入理论提出的五个假设中的第一个是习得与学习的假设。他把儿童在听别人谈话或看有趣的故事书时学会讲母语的过程称之为“习得”,把成年人通过课堂系统训练而获得外语知识的过程称为“学习”。他的这种两分法是有道理的,

问题是他把两者的区别绝对化了。其实习得中有学习,学习中也有习得。诚然,在外语教学中,学生学习外语的主渠道是课堂,但这不是说外语就不能习得,问题的关键是有没有语言环境。倘若我们能提供更多的让学生接触外语的机会,如外语角、外语沙龙、外语故事会或外语短剧比赛、外语学习板报或园地、听外教讲座、提倡课外用外语交际等,学生就会在这些活动中无意识地学会外语知识和交际能力。这样获得的知识,无须死记硬背,没有作业的要求,这就是习得。就我国外语教学的现状而言,许多学校只有“学习”,而无“习得”,问题就在于缺乏语言环境。我们的外语工作者,不仅要充分利用好课内 45 分钟,而且还要努力去开拓外语“第二课堂”,让学生有更多的机会去习得外语。这是一个很有希望,大有开发前景的工程。

3. 有利于培养学生的外语运用能力

外语教学的根本目的是培养学生的交际能力,能够将所学的语言知识运用到实际的交际之中。课堂教学通过大量的操练固然也能培养和发展他们的语言能力,但这种语言能力的训练受到时空的限制,因而是极其有限的。更主要的是,课堂内语言交际的情景大多是虚拟的而非自然的,是人为制造的,缺乏实际的交际目的和情景。真正的交际能力应该是一种社会语言交际能力。按照美国人类学家 Hymes 的理论,交际能力不仅包括语言能力,即语法知识,而且还包括话语的可接受性和得体性。在具体的交际中,我们不仅要会讲,而且要考虑到讲话的时间、地点、场所,对谁讲,讲什么等因素。这种能力光靠有限的课内训练是很难获得的。创造语言环境就是要设法去开拓自然的,具有真正交际意义的情景,让学生置身于尽可能真实的语言环境之中。如经常与外籍教师交谈、听外语广播、看外语电影、举办形式多样的外语聚会等,让学生在自由的气氛中用外语交流思想和信息。通过这类活动,学生不仅可以巩固课内所学知识,更主要的是可以在这种贴近现实生活的交际中习得和培养语言交际能力。

4. 良好的语言环境可以激发学生学习外语的积极性

激发和调动学生学习外语的积极性,一直以来就是心理语言学家和外语教师的热门话题。应该看到,这方面的研究是十分必要的。但这类研究往往局限在课堂内,很少有人在课外或在创造语言环境上做深入探讨,这不能不说是一大缺陷。

其实,创造良好的语言环境,制造让学生习得外语的条件和气氛,是激发学生学习积极性的一剂良药。有些外语差生厌倦课堂内枯燥的操练,但校内板报、街头广告或报纸上几个奇怪的英文字母倒往往会引起他们的兴趣。许多中学生喜欢电脑,而电脑中出现的大量英语词语是学好电脑的“拦路虎”。为了学会电脑,他们会自觉不自觉地去查词典或去问别人。这时他们是为了获取信息而去学外语的。利用自己学得的外语技能获得的信息,往往给人以满足感和成就感。而这种满足感和成就感会产生一种驱动力,激发起他们学习外语的积极性。据笔者所闻,一些学生学习外语的动力不是来自课堂,也不是来自应付考试,而是在开始学习电脑以后,知道外语的重要性,才激发起他们学习外语的兴趣。这就是语言环境和学生自身的需求激发学习外语积极性的一个有力例证。

二、语言输入

外语学习者在学习过程中因个性差异(如认知风格、性格类型的不同等)会选择不同的学习风格和学习策略。然而,不论其如何选择,成功的外语学习者在学习活动中都始终遵循着这样一条规律:他必须接受一定量的且适合于他的学习能力的语言输入。这条规律已被许多理论语言学家和应用语言学家所证实。研究结果表明:一位学生的进步至少是由于他得到了和语言习得相适合的语言输入,而另一位学生的不成功则是由他所接受的复杂的、超出他语言能力的语言输入所致。语言输入是外语学习过程中一个不可或缺的因素。缺乏足够的语言感性材料,外语学习者就不可能对所学语言的系统知识有充分的理性认识。问题是:学习过程中,语言输入有哪些基本特征呢?如何使语言输入变成语言吸收呢?课堂讲授对外语学习有什么作用呢?下面拟就上述几个问题从理论角度做一探索,希望以此引起外语教学界同行的进一步讨论。

(一)语言输入的相关研究及评价

1. Krashen 的“输入假设”

最早引起语言学界对输入理论重视的当推 Krashen 的输入假设了。扼要地概括过输入假设：

1）与习得有关，与学习无关；

2）我们是通过理解稍稍超出我们现有能力水平的语言输入而习得的，但须借助于语境；

3）口语流利是逐渐出现的，而不是直接教出来的；

4）当照顾者和习得者交谈以便他们理解信息时，语言输入自动包含着“i + 1”这一习得者准备习得的语法结构。

这一输入假设在他们看来至关重要，因为“该假设试图回答一个理论上、实践上都很重要的问题：我们是如何习得语言的？”输入假设（及其相关的网假设）的实践依据来源于儿童母语习得研究和应用语言学。

克氏和特氏认为照顾者语言是个极好的例证。照顾者语言有以下三个特征。①照顾者说话的动机是被听懂。照顾者（父母等）调整他们的语言是为了交际，而不是为了教语言。②照顾者所谈论的是现时现地的东西。成人与儿童不讨论计划等超越此时此景的东西。随着儿童语言的发展，输入在时空上亦有所拓展。③照顾者语言在结构上要比成人间的语言简单得多。照顾者语言与输入假设的吻合之处就是：照顾者调整自己的语言，使之大致与儿童语言能力水平接近，这样他们的话就能为儿童所理解。在此过程中，他们给儿童上了一堂最佳的语言课：既提供了可理解的语言输入，也涉及了儿童语言的下一个阶段要习得的东西（i+1）。显然，照顾者语言只限于母语学习，那么又是怎样把母语学习和外语学习联系起来的呢？答案是从外国人语言和教师语言入手。因为这两种语言的使用目的也是为了交际。不论是外国人语言还是教师语言，使用者都会调整自己的语言，使之接近听者的语言，从而被理解。克氏和特氏的结论是：外国人语言和教师语言是照顾者语言的两种形式，正如照顾者语言对儿童母语学习有影响一样，外国人语言和教师语言对成人外语学习也有影响。

此外，简单语言输入还有另一种形式——过渡语交谈，即外语学习者之间的交谈。他们觉得过渡语交谈的目的也是为了交际；它还包含着足够的处于 i+1 阶段的语言输入，有助于外语学习者获得超过现有水平的能力。

我国外语教学界对输入假设理论有过评价。荆增林认为此理论有下列不足之处。一是概括过头。仅靠对几条词素习得的观察就做出关于整个语法规则的推论,显然犯了以偏概全的错误。二是语法规则无法排序。三是混淆了语言和语法规则。输入说乃语法输入说,而非语言输入说。克氏输入说并非语法输入说,而是语言输入说,既有语法的,亦有非语法的。输入假设理论有以下几个贡献。

(1)观察问题的视点新。从照顾者语言、外国人语言、教师语言的特点反思外语学习中的语言输入,让研究者耳目一新。

(2)他的输入假设运用到外语教学的初始阶段还是准确的。语言学习是个信息互换过程,可理解性是学生获得信息的基础。离开这一点,谈语言输入皆是遑论。

(3)重视学习者的认知水平。贯穿于输入理论的一条主线就是:语言输入应以学习者现有水平为出发点,给学习者提供尽可能多的语言输入,促进下一步的外语学习。这符合教育学和心理学的基本原则。学习者理解超出他们水平的语码是借助于语境信息进行推理、猜测等认知活动获得的。

2. 隆氏输入理论

不论是母语还是外语学习,成功的学习者总是以获得可理解的语言输入为特征的。就数量而言,越多越好。如果得到的语码不能被理解,习得效果就不好,甚至谈不上习得。要验证这个结论,不妨从实验研究着手。实验假设为:①调整语言会促进对语言输入的理解;②可理解的输入会促进习得;③语言调整会促进习得。

隆氏理论的可取之处是:他充分强调了使语码变成学习者可理解的语言输入这一点,因为只有可理解的输入才能变成可吸收的语言,才能促进外语学习。要使输入可理解,关键在于语码调整。

3. 乔姆斯基对语言输入的论述

人脑中的语言习得装置(LAD)使人学习语言成为可能。但这套装置要正常运转,发挥功能,还离不开外界语言输入的刺激。在临界期,如果内在的装置得不到外界语言输入的刺激,装置的功能就会丧失,亦即错过临界期,便不能像本族人那样习语了。

(二)语言输入的基本特征

以上,我们扼要评述了三位研究者对语言输入的看法。现在,我们来探讨一下语言输入的基本特征。事实上,研究者对语言输入的两个基本特征(即简单语码和可理解性)已做了讨论。乔氏虽没有明晰地说明,在临界期儿童习语应受到什么样的外界语言刺激,但有一点可以推断:临界期的儿童会选择适合于他语言心理发展所需要的外界语言输入。如果这一特定时期的语言心理需要没有得到满足,某一功能就会处于休眠状态,不能正常发挥。可以说,语言输入应当满足适合学习者心理需要这一条件,我们不妨称之为心理适合特征。简单语码、可理解性和心理适合这三个特征汇合于学习者认知心理发展,它们共同体现了对学习者这个主体的重视,表明语言输入应以学习主体为本。

然而,除了从学习主体的认知心理因素来考虑语言输入之外,还有没有其他因素制约我们考察语言输入的特征呢?当然有。外语学习有其自身的规律。任何有关外语学习的理论如果离开语言学习这一本体,只能使该理论丧失理论的科学性和应用的广泛性。讨论语言输入的特征还必须重视输入的量的多少、语体的正式与非正式程度和输入内容的难易程度。关于语言输入的语体的正式程度,仍应坚持以学习者现有水平为立足点。对于初学者,我们应向他们输入一般语体的语言,随着学习者水平的提高,语言输入的语体也应逐步多样化,只有这样,才能培养出他们的"语言意识",在不同的场合使用不同的语体,求得语言的"得体性"。输入内容的难易程度,即输入中包含的学科知识,仍应与学生的认知水平相吻合。如果外语教学仅是用外语对初学者讲授某些抽象综合的学科内容,学习效果之差是可以想象的。在听外语广播或看电视节目时,我们常有这样的体会:隔行如隔山。尽管某些单词很熟悉,但那样的语言输入实际上是不大可能变成语言吸收的,因为我们根本不可能领会其中的内容。在给学习者提供语言输入的过程中,外语教师应有意识地把握语言输入内容的难易程度。

(三)语言输入与学习者的认知策略

在第二语言习得中有一个引人瞩目的现象,这就是即使学习者的学习环境相同,他们的语言发展速度以及他们最终达到的语言水平仍然参差不齐。因此也就引发了个人差异研究。个人差异是指个人在稳定的心理特征方面的差异,表现在个人的能力、动机、兴趣、爱好等方面。由于这些差别,学习者的个人认知方式也会表现出不同。例如,有的学习者喜爱听老师讲课,有些学习者喜欢自己看书,有些喜欢与别人讨论,有些则喜欢自己独立思考,等等。研究较多的认知方式是场独立认知方式与场依存认知方式。场独立和场依存是两种普遍存在的认知方式,是指学习者对输入的知识信息进行加工的方式。具有场独立方式的人,对客观事物做判断时有较强的独立意识,常常利用自己内部的参照,而不受外来的因素影响和干扰;在认知方面独立于他们的周围背景,倾向于在更抽象的和分析的水平上加工,独立对事物作出判断。具有场依存方式的人,对物体的知觉倾向于以外部参照作为信息加工的依据。他们的态度和自我知觉更易受周围的人们,特别是权威人士的影响和干扰,善于察言观色,注意并记忆言语信息中的社会内容。在外语学习中,场独立和场依存的学习者对语言教学也有不同的偏好。场独立的学习者易于给无结构的语言材料提供结构,他们比较适应于结构不太严谨的教学。相反,场依存的学习者喜欢有严密结构的教学,因为他们需要教师提供外来的知识结构,他们更需要教师的明确指导和讲授。无论学习结果如何,学习者在加入学习过程中对语言的输入所采取的不同态度和认知方式,恰好证明了 Krashen 语言习得中个人差异因素对语言习得的影响。研究发现,中国人学习英语时过于场独立,即我们通常注意语言中的"树"而看不见语言中的"林"。事实上,在英语学习中,有时需要注意语言的细节,弄清楚语法规则,检查词的定义;有时则需要把语法规则束之高阁,集中注意语言所传达的信息。

对语言输入信息的加工处理,是学习者通过对存储在大脑中的已有知识结构与新的知识进行重新构建的过程,也是学习者认知能力在学习过程中的思维形式的具体体现。而这种思维形式就是学习者所采取的认知策略。它是学习者用以支配自己的心智加工过程而在内部组织起来的技能。这种技能可以把输入的信息重新构建,使学习者大脑中的语言知识的组织结构以及不同知识单位之间的联系发生变化。如果知识单位之间的联系比较好,组织结构比较合理,那么在使用时,这些知识单位就会较容易被激活,从而提高信息处理的效率。一旦语言输入激活学习者大脑中的语言习得机制,学习者语言知识发生重构从而达到语言习得。因此,学习者如何学会学习,如何记忆,如何对输入的信息进行分析和思维,从而成为独立的学习者,这就需要学习者本人在外语学习过程中逐渐获得调节自己内部过程的有效策略。作为学习者主要个性特征的认知策略是教学成败的关键,教师不能忽视它的存在,要善于了解不同学习者的认知风格和学习习惯,创建适应每个学习者特点的学习环境和条件,发挥他们的认知能力,通过与教师的共同努力达到教学目的。

(四)语言输入与语言吸收

外语教学过程在一定程度上就是使学习者认识和掌握有关某语言系统的知识并能熟练自如地运用所学知识来完成交际的过程。这是一个动态的、综合的过程,既是吸收知识也是运用知识来解决问题的过程。在这一过程中,如何有效地帮助学习者把所接受的语言输入变成内在化的语言吸收,是外语教学的一个关键问题。

“可理解性输入”必须与“交际”相结合,学习者才能获得习得的条件。也就是说,仅有可理解性输入还不足以产生语言习得,语言学习者必须将语言输入与语言输出在一个有意义的环境中组合,语言习得才能真正有效。在语言输入与语言习得之间,有一个“语言吸收”的阶段,并不是所有的语言输入都能促使“语言习得”发生,语言知识只有被学习者消化吸收才能进入大脑长期记忆,才能起到催化语言习得的作用。学习者在接受输入语言时,大脑的短期记忆由于容量很小,一边理解内容,一边抛弃语言,以便短期记忆能及时接受新的语言信息。经过理解后的知识通过与长期记忆的作用,进入长期记忆的知识网络。能被吸收的语言知识在语言输入中必须有足够的重复率和突显性。学习者是如何将语言输入转化为语言吸收的?通过对语言输入方面的观察,对学习者是如何处理语言输入的问题提出下列三项原则。

(1)学习者对意义的兴趣远远大于对语言形式的注意。根据这一原理,学习者在吸收词语时,实词比虚词更容易引起学习者的注意,因而更容易习得。

(2)学习者在“吸收”语言抽象度较高的语言知识时,如句型、第三人称动词加

s 或 es 等,必须以不牺牲语言意义为代价。换句话说,学习者不大会放弃语义的交流而去追求语言的形式。

(3)若有数个语言项目出现,学习者按注意到它们的顺序吸收语言项目,即"先注意、先吸收"的原则。这就意味着学习者并不完全按照人为设定的顺序吸收语言知识。对语言教师来说,学生习得的顺序不一定是老师所安排的语言项目的教学顺序,而是取决于他们"注意"到这些语言项目的顺序。

总结出如下结论:

1)语言输入必须是可理解的,语言意义是一个必不可少的条件;

2)语言输入必须转化为语言吸收才会导致习得的发生;

3)语言输入不会自动转化为语言吸收;

4)语言吸收中的语言成分须具备重复率和突现性;

5)语言吸收遵循"先注意,先吸收"原则。

从这些原则中可以看出,语言习得除了要具有符合上述原则的语言输入外,还必须遵循 Allright 所提出的交际的手段。因为只有交际才能使语言输入既保持可理解性同时又促使学习者注意语言形式。只有当学习者充分注意到了语言形式时,语言吸收才会真正产生。我们经常发现学习者在完成语义理解以后,不会主动对语言形式加以注意,大部分语言学习者都会在语言理解任务完成后抛弃语言形式,或者只吸收极少的语言形式,因而习得的速度、质量和数量得不到保障。显然,这种学习是低效的。为了确保学习者能从语言输入中获得足够的语言吸收,教师必须利用交际来促使学习者注意语言输入中的语言知识。这种交际不同于平时生活中所进行的语言交际活动。这种交际活动必须能够使学生同时注意到语言意义和形式,而且要能够使学生对这种语言形式产生猛然醒悟的作用,即在"注意"状态下产生"吸收"的效果。这就给我们提出了一个问题:"交际"如何才能和"输入"配合好,使我们的学生达到这种习得的境界?

1. 捕捉语言输入机会,提高语言吸收效率

能导致外语习得的语言输入至少要有两个来源:外部来源和内部来源。前者指的是教学与社会环境向学习者提供的语言输入,它们通常包括教师对学生、学生

对学生和社会环境对学生所产生的语言影响。输入的媒介有口头的,也有书面的。后者指的是学习者自身产生的寻求语言交流的活动,如学生可以在自我练习中自言自语,或是与自己假想中的交流对象交流。学习者在这种活动过程中,也会产生语言输入。这种语言源在有的研究中被称为“中间语”。我们认为,这两种语言输入虽然都对学生的语言习得有作用,但是外部来源是我们研究的主要对象,因为这一部分是我们的教学目标,也是我们在研究和教学中可加以控制的。同时,研究外部来源的语言输入对我们的课堂教学更具有实用价值和指导意义。而相比之下,对内部来源的研究与控制就要难得多。

由于中国是一个单一的语言社会,在外部输入的这一方面,学生语言输入主要是课堂环境,因此,我们将重点讨论课堂中教师和学生的语言。

长期以来,人们一直认为,外语学习的语言输入主要来源于课本。我们的教材十分强调语言输入,在教材的编写中倾向于提供较多的语言量。学生吸收语言的主要途径是教师的授课和阅读课本。此外,为了弥补学生语言输入量的不足,学校又通过设置泛读课和听力课来补充。应该说,通过若干年的实践,我们的这种策略取得了一些效果。但是正如张沪平在文章中所指出的那样,我们在语言输入方面仍然有很多需要改进的地方。张文着重讨论了教材的改革方向,这是目前外语教学界正在努力的一个方向。但是,我们必须认识到,语言输入并不完全是教材和课本的事。正如上文所提到的那样,学习者(尤其是处于中小学阶段的学生)是不会自动将语言输入立刻转化为语言吸收的。高效的语言输入不仅要依靠教学材料和课程设置,更重要的还必须依靠教师捕捉语言输入的机会。教师在合适的机会出现时,要及时、大量地提供能被学生理解的输入。这就要求我们密切关注教师是如何与学生交流的,这种交流是否出现在最佳时机,是否最有效地组合了语言的输入和输出,是否促使了学生将输入转化为吸收?大量的教学实践与研究证实,从语言输入转化为语言吸收的关键是“机会”。八种语言输入的机会如下。

(1)学习者大量地输入。这一条要求语言教师最大限度地利用书面和口头的机会,创造语言输入的环境。没有语言的“海洋”,学生就不可能获得真正意义上的“游泳本领”。我们的传统观念把语言输入的机会分为精读、泛读或听力,这并不是十分合理的做法。对于低级水平的学习者来说，甚至可能是有害的。所有这些课程其实都应该提供综合性的语言输入，而且这种输入考虑到了学生的实际需要，能够被学习者理解。

（2）二语习得者需要交流。教师应该注意表演和真实交流之间的区别。表演往往不大可能导致真正意义上的交流。真正的交流应是学习者在语言活动中带有个人动机，并且对语言项目没有事先的规定，如一定要使用课文中刚学到的词或句型等。对教师来说，教师在此时的语言输入也不应该受到大纲和教材的限制，应该在尽可能的情况下进行扩展。一切学生可以理解、对思想的交流起帮助作用的语言，教师都可用以输入，而且学生有可能立刻就吸收。对学生来说，他们也应有充分的语言形式决定权，使用他们认为最佳的语言形式。在学生因语言不够或语言缺陷而不能完成交流任务时，最佳的语言输入机会就由此诞生了。需要指出的是，给学习者充分的自主权并不意味着只要学生能张口说一通，他就会习得语言了。如果学生随便张口就能够完成他的交际任务，那就说明我们的语言交际任务缺乏挑战性，这样的任务对学生的语言发展并不是十分有用。因此，语言教师在强调交际任务真实性的同时，必须充分考虑到语言形式的挑战性，没有挑战性，习得就是一句空话。

（3）学习者独立控制命题内容（如控制话题的选择）。要达到真实性，课堂中讨论的话题就必须是学生感兴趣或由学生自己提出的话题。其核心思想就是教师要充分考虑到学生的年龄、兴趣、爱好、习惯等因素，才能把握住合适的教学话题，才能在教学中从学生的话题入手，引导学生学习语言知识。教师在这个过程中不断地向学习者提供大量的语言输入，满足学习者的交际需要。从此引申开来，我们就必须有一个灵活的教学大纲，内容宜粗不宜细。过细的大纲将严重限制教师在课堂上发挥和学生自由发展的空间。同时，教材的话题要丰富，信息量要大，保证教师在选择教学项目时有足够的自由度。在教学过程中，教师要有灵活多变的方案。

（4）起初遵循“此时此地”原则。语言输入的最佳项目是学习者身边的事物和思想。因为这些项目的知识和概念最具有可理解性、重复率和突显性，同时也最能引起学生的兴趣、共鸣和参与热情。要增强话题的真实性,教师就要研究如何发现学生身边的事物,发现学生的需要,这是每一位合格的教师所应该掌握的本领。可是,有些教师在应试教育的压力下,并没有在这方面下功夫,而是舍近求远,把外语课堂中的种种机会糟蹋殆尽。

(5)学习者需要机会去听,然后生成语言去执行不同的语言功能。语言输入中所包含的语言功能要丰富,"丰富"的含义不是指辞藻漂亮,而是指输入的语言中包含多种类型的语言功能和表示同一功能的多种句子形式。功能丰富的另一个含义是语言输入的交际目的要丰富多彩,教师在课堂上使用的语言最常见的功能是解释、提供信息和获得信息。但是这并不是语言输入的所有功能项目。教师所提供的语言功能范围越宽越好。例如,教师还须提供下列一些功能项目:①如何表达个人喜怒哀乐等情绪;②如何表达希望、请求等;③如何表达地理方位、关系等;④如何描述物体、人物等。教师不能认为这些功能只要教材中提供了学习者就可以主动从中获得,指望学习者主动将语言输入转变为语言吸收是不现实的。教师的帮助、示范和引导是学习者将这些语言功能内化的基本保证。因而我们希望学习者习得多少语言功能,我们就必须在教师学生的交流活动中提供多少语言功能。此外,这些语言功能必须有复现率和突现性。但是,目前在我们的基础英语教学中,教师的语言十分贫乏,几乎到了无话可说的地步。

(6)接触大量指令句。指令句是心理真实性最佳的一种语言形式。研究表明,语言的心理真实性越强,语言习得发生的可能性就越高。因此,最适合学生学习。教师在课堂中应充分利用各种机会提供指令句,但要注意的一点是,这种指令句不同于某些教学法所采用的一种叫作 TPR (Total Physical Response)的指令句。在 TPR 中,教师往往不顾真实性的原则,设计了大量的像军队操练那样的指令句让学生练习。这样非真实的指令句的作用是非常有局限性的。如果教师能够大量地利用"真实性"指令句,基础英语中的上百个常用动词词组和名词词组无须通过正规的教学,学习者就可以轻松、灵活地掌握。用这种方式获得的语言知识不仅量大,而且灵活性和地道性会远远胜过传统教学所学到的知识。

(7)接触大量的"扩展"话语。这种扩展可以有效地保证学习者在理解话语方向的前提下，及时捕捉他所急需的语言形式。这种扩展为学习者提供了一个最佳的习得机会。

(8)灵活的实践机会(这个能够提供尝试“新”形式的机会)。语言学习必须有足够的练习，但是并不是所有的练习都能使学习者受益。教师提供的练习必须有灵活性，既有规定性的任务，又有自由发挥，没有任何控制的练习。所以学校课堂内的练习形式必须丰富，能够因人、因时地起到巩固习得的作用。

我们如何才能保证我们的教学活动中有大量的、上述论述所提到的机会呢?这就是我们在教学研究中要考虑的另一个问题。要回答这个问题，我们必须认识到语言习得的最终结果是学习者能够用第二语言思考，这就是说，除了输入语言形式以外，我们还须输入伴随着语言活动而进行的思维活动，尤其是对心智发展极有价值的高级思维活动。具体来说，这些语言输入包括：①识别、排列事物的级别；②假设、试验和语言冒险；③分类；④鉴别；⑤比较、对比。这些思维活动，对于中小学学生来说尤其重要，因为他们不仅在学习语言，同时也在发展认知能力，如果语言输入机会不和这些认知机会相结合，外语对他们来说可能将永远是“外”语。同时，对成年学习者如大学生、成人学生而言，由于他们的认知发展已处于更高的层次，对教师的学识、修养、经验、经历的要求就更高，因此，教师需要更高的教学水平。但是，无论是教中小学生，还是教成年学生，我们都需要把语言输入机会和认知发展机会组合到灵活的教学手段中去。

灵活的教学手段指语言训练活动、训练地点和训练方式的多样性。语言活动跳出了书本或黑板的局限，语言训练的天地一下就变得海阔天空。具体来说，训练范围应包括下列方面：①语音；②语言功能；③话语篇章；④词汇覆盖宽度；⑤句型结构，语法知识的覆盖面和灵活程度。

这些训练可以通过下列活动实现：①课堂内听教师的指令；②课堂外贯彻教师的书面指令，如布置的任务或作业等；③游戏；④复述故事；⑤进行调查活动；⑥测量和度量、计算；⑦做项目；⑧做语言练习。

以上讨论表明，要捕捉这些语言输入机会是一件很不容易的事，除了经验以外，教师还必须有其他方面的修养。具体来说，一个合格的外语教师必须具备下列三个基本条件:①熟练的外语水平;②丰富的知识面;③灵活的教学手段。

2. 语言输入变为语言吸收步骤之一:信息模式

人的认识过程从根本意义上说就是一个不断获取信息、整理加工信息、吸收信息的动态过程。根据信息学原理,我们把语言输入看作是信源,外语学习者是信宿。

面对信源信息,信宿总会根据自己的选择来摄取相关信息。由于信宿选择性的存在,信源信息量和信宿吸收量往往不会相等,而且信源信息的质也会与信宿所吸收的信息的质不同。更为极端的情况是,信宿可能完全不能吸收信源信息。反思外语学习,上述三种情况并不鲜见:不同的外语学习者在同一课堂上接受同质同量的语言输入。但是其成功程度却大不一样,两极分化现象严重;有些学习者则跟没有接受任何语言输入一样。

信宿对信源信息的选择可能导致如此大的差别,这就迫使我们思考这样的问题:怎样优化语言输入,使之满足外语学习者的需要,从而使之最大化地被学习者吸收?根据信息论,我们应从以下两个方面来实现这一目标。

(1)语言输入应考虑学习者的需要。信息论原理告诉我们,信源信息在发出之前,信宿对之即有期望。如果信源信息满足了信宿期望,信息摄入量就会很大,否则效果就不会理想。语言输入若考虑到了学习者的需要,吸收效果就会更好些。

(2)语言输入应考虑新异性。从信息论角度看,信宿对信源信息的选择,在很大程度上依赖于信息自身的新异性。如果信源输出是陈旧、简单、毫无新异感的信息,那么信宿就会对此感到厌烦,不愿吸收。同理,在外语教学过程中,学习者如果面对的是他早已熟知的内容,他对语言输入的内在化要求就会很低,学习效率也不会高。所以,语言输入量应是“i + 1 ”还是颇有道理的。

3. 语言输入变成语言吸收步骤之二:认知实践模式

以上,我们从信息学角度探讨了如何使语言输入变为语言吸收。我们看到,要使语言输入变成吸收,必须使语言输入满足学习者的需要,同时,语言输入自身必须有新异性。这是从语言输入呈现方式的角度讨论的。现在我们讨论如何使语言输入变成吸收的第二步,即从外在感性知识变成内在化的知识的思维过程。

外语学习是一种认知过程。外语学习者面对许多语言输入,根据自己的需要、认知水平,在各种社会文化心理因素的支配下,有所选择地摄入自己所需要的信息。大脑皮层通过神经元把这些信息传输到充满了结的记忆区域。这些结是相互关联、相互交织在一起的。换句话说,外语知识是循序渐进、一层一层累积起来的,而不是相互独立的模块系统。结的激活有两种方式。一是自动加工,即外界一有合适的刺激,某种结就在记忆中活跃起来。例如英语中的程式化表达方式“See you”,在适当场合,我们可以不假思索地脱口而出。二是控制加工,即结的临时激活。根据注意力分配均衡原则,如果学习者在某一记忆结上达到自动化加工程度,那么他就会把大量注意力集中到另一记忆结上,以便激活该结,然后通过大量实践,使该结激活变成自动化加工。这样,学习者在面临下一个学习任务时,又可以匀出更多的注意力来学习新任务,如此循环往复、自动加工和控制加工不断交互更替,从而积累一定量的有关语言系统的知识和技能。

外语学习也是一种实践过程。事实上,实践的功能还不单单表现在使语言知识得到巩固,语言运用臻于熟练,它的功能还表现在其他很重要的方面:只有实践交流,外语学习者才能掌握有关语言使用的得体规则、谈话策略、话语规约。也就是说,只有在实践交流过程中,外语学习者才能真正地培养出自己的语言意识。外语学习者在接受了多种语体的语言输入以后,大脑中已有一定的关于语体的意识积淀,但这时还不能把“ 所知”变成“所为 ”。只有实践,才能完成这一转化,即使陈述性知识变为程序性知识。

如果说认知使外语学习者把语言输入的信息整理、加工、储存在大脑中,成为语言吸收,那么实践则一方面巩固了所吸收的信息,另一方面又使吸收的信息变成了随时都可以派上用场的语言潜势,同时给这些语言潜势加上了诸多使用的规约,从而使它的使用与社会文化环境相一致,获得了得体性。

(五)输入理论对我国外语教学实践的启示

1. 培训教师,提高其素质和能力

教师是课堂语言输入的主要提供者、教学活动的主持人,也是教学质量的决定

性因素之一,教师在外语输入中起着关键的作用。因此,提高输入的质量绝不能忽视外语教师素质能力的提高,外语教师不仅要懂外语,还必须具有较好的外语综合能力。具体说来,时代需要的外语教师至少需要具备以下方面的知识和能力。①专业知识:外语教师需要加强相关学科理论的学习,对外语教学有直接指导意义的学科有应用语言学、教育学、心理学、二语习得、系统论以及管理学等。②语言知识和技能:作为一名外语教师,其本身必须具备较强的听、说、读、写、译等技能。外语教师还必须熟练掌握语言、语法、惯用法、文法、语体等与语言体系相关的知识。③管理能力:教师是课堂活动的管理者、组织者和协调者,需要具有策划、分配、组织课堂活动的能力。小组讨论、任务分工等课堂活动成功与否很大程度上取决于教师的组织或管理能力。教师还要具有解决课堂突发事件的能力。

2. 根据学生的水平和实际需要,采用灵活多样的教学方法和手段

教学方法和手段也是提高课堂输入的重要因素。教学方法是课程的营销手段,再好的教学内容或教材,若教学方法不对路,就无法产生明显的教学效果。传统的语法—翻译法忽略了学生学习积极性的重要性,以灌输式对他们进行以语法知识和简单的句子翻译为主的训练,教出了一大批英语“哑巴”、英语“聋子”。可喜的是,随着国内外应用语言学界对二语习得研究的深入,越来越多的研究成果正逐渐被运用到我国外语教学课堂上。教师和学生在课堂上的角色分工已由过去的以教师为中心逐步转变成以学生为中心。至于课堂上究竟采用哪种教学方法,需要教师灵活掌握。交际法虽然可更多地培养学生的交际能力,但如果学生的英语基础不够好,交际法就不能发挥作用,因为学生没有能力参与到课堂教学中来。

3. 提高课堂输入的质和量

有两种方法可以帮助学生有效地吸收新的语言材料:一是教师采用简明易懂的方式进行输入,二是学生利用上下文线索。所以不论学生的目的语如何,一名好的外语教师都能使学生理解输入的材料。对于输入材料的理解是至关重要的。试想,如果学生连提供给他的信息都不能理解的话,又怎能吸收输入的信息呢?不吸收又怎能有输出和运用呢?帮助学生理解提供给他们的材料,外语教师可以采取灵活多样的手段,如放慢语速、利用手势语、模拟真实情景、利用相关道具,多给例

句等。吴朋也通过实验得出结论:增加阅读量对提高学生的英语综合能力和写作水平很有帮助,但中国学生的英语学习时间短,输入的质就成为调整输入的关键。尽管如此,我们仍然必须注意增加英语材料的输入量,充分发挥学生的积极主动性,利用课内外的时间,以精读和泛读相结合、精听和泛听相结合的方法,由教师上课传授方法,加强引导,布置学生课下完成泛读和泛听的任务,及时检查反馈,以有限的时间增加输入的量,从而使输入的质和量都得到提高。

4. 利用心理学知识,消除或减少学生的情感障碍

语言习得必须满足两个条件:一是提供足够的可理解输入,二是减弱学生情感过滤机制的作用。输入变成吸收在很大程度上取决于学生的情感因素,这些因素包括动机、信心、焦虑等,它们像一道屏障挡在输入通往学生语言习得机制的道路前面。而作为外语教师,就得想方设法帮助学生消除这道屏障的影响,使更多的输入到达学习者。要做到这一点,外语教师就需要运用一些心理学方面的知识,使学生克服焦虑状态,端正学习态度,培养学习外语的兴趣,在轻松的气氛中提高外语综合能力。

三、教学活动

第二语言习得理论或模式是在对第二语言习得过程及其规律进行研究的基础上提出来的。这些理论虽然不能用来解决外语课堂中的实际问题,但它们对外语教学有一定的启发和指导意义。因为第二语言习得和外语学习都涉及一种新的语言和语言能力的发展过程等问题,在外语教学过程中,借助于第二语言习得的理论或模式来指导和探讨外语教与学的过程,对于改革外语教学方法、提高外语教学的质量都具有极其重要的意义。本节对教学活动从二语课堂和教学方法两方面进行分析。

(一)二语课堂

长期以来,我国大学外语课堂"知识教学"的片面性造成了课堂教学主体单一化、教学结构模式化、教学目标和教学组织形式单一化、教学方式静态化及教学与

生活割裂的局面。然而"教育是为社会服务的,外语教育也不例外"。我国加入WTO之后,社会迫切需要具备外语能力、创造力和综合素质强的人才,培养学生的语言能力、创造力和提高学生的综合素质就成为外语教学的目标。课堂应该是以人的发展为本的课堂。"以人的内在素质全面提高为目标,以人的创新精神和能力形成核心,建立全新的素质教育和创新教育体系,正逐渐成为高等教育新的价值取向。"

鉴于语言的本质是交际,外语课堂理应是在提高学生外语知识水平和外语交际能力的过程中全面提升学生的内在素质、培养他们的创新能力的主战场。在英语课堂上,教师和学生是教学的双主体,课堂活动由师生共建,教师和学生在教学过程中人格完全平等,师生之间、同学之间相互沟通、激励、启发和分享。作为受教育的对象,学生应有足够的思维与活动的空间、时间,把学习语言知识、掌握语言技能与自己的体验、兴趣、价值观和全人教育结合起来,使过去"死"的课堂变成"活"的课堂,"教"的课堂变成"学"的课堂。总之,大学外语的教学目标是在提高学生外语知识水平和外语能力的过程中全面提高学生的内在素质,培养他们的创新能力。在外语课堂上,师生同为教学主体,其教学模式应是师生互动和生生互动的有机结合。鉴于篇幅有限,本书仅对大学外语课堂生生互动活动进行尝试性研究,重点探讨支持大学英语课堂生生互动模式的心理学理论、生生互动模式的具体形式、实施这种模式可能会遇到的问题和生生互动模式的教学效果。

1. 理论依据及其对英语教学的启示

(1)建构主义理论。生生互动教学模式以建构主义理论、社会交互理论和人本主义理论为理论依据。建构主义理论认为教育就是赋予受教育者独立思考的能力,强调学习者将自身经验带进学习过程,是积极的意义建构者和问题解决者。其实践方法是教师以解决问题的形式向学生提出问题、概念、论点等,而问题的答案则由学生们去探究。为了使教育能丰富人的经验,其意义必须具有个人性,即对个人生活而言是重要的,而且还必须有用和有效。建构主义理论给外语教学的启示是外语教学的内容应该与学生的生活和学习息息相关。学外语并不是单纯地学习语言知识,而是把外语当作一种培养学习者能力的手段。学习者应该把学习和使用外语知识与个人的经验和能力的培养有机结合起来,在依靠自身知识经验解决现实问题的过程中不断重新建构自己对事物和观点的认识与理解,在提高英语水平的同时训练解决不同问题的能力。

(2)社会交互理论。社会交互理论认为儿童一出生就进入了人际交往的世界,学习与发展发生在他们与他人的交往与互动之中,学习者身边对他有重要意义的人,特别是他的伙伴,在他认知发展过程中起着重要的作用。社会交互理论的一个中心概念是中介作用。中介作用指的是有效的学习秘诀在于交互双方的知识和技能处于不同的水平。社会交互理论对外语教学的启示是:由于学生的兴趣、爱好、特长、个人经历各不相同,在许多方面一个班上的学生的知识和技能都处于不同的水平,因而同学之间在不同方面的距离使得他们之间的交流成为必要与必然。在外语课堂上,不论学生的强项和弱项是什么,他们都应该在自然的语言环境中通过与同学的英语交流影响同学也接受同学的影响,去认识世界,并不断改变自己对世界的看法。在这个过程中学生的语言能力得到有效的提高,他们对世界的认识也更广泛、更深刻。

(3)人本主义理论。人本主义理论强调人的内心世界的重要性,把人的思想、情感和情绪置于人的整个心理发展的前沿地位。人本主义理论也强调个人学习者的地位,提出学生们是各不相同的,教育的功能就是帮助学生更加与众不同,而不是失去个性。人本主义的重要人物罗杰斯提出:真正有意义的学习只有发生在所学内容具有个人相关性和学习者能主动参与之时。他强调减少教育中的威胁性,保护学生积极的自我形象,减少防御性学习。他还强调受教育不是学习知识,而是学会学习和学会适应变化。人本主义理论对英语学习的启示是教育不仅仅意味着教师向学生传授知识和技能,教师不能把学生看成一个接受知识的容器,而是把他们看作一个活生生的人,学习的内容要体现他们在知识、智力、情感、个性等方面的要求。教师在教学中应注意营造轻松愉悦的学习气氛,通过布置学生感兴趣的、与他们个人相关的话题,使他们能够畅所欲言,在参与教学的过程中张扬个性,培养自己的整体素质,而不仅仅是单一的语言能力。

总之,建构主义理论、社会交互理论、人本主义理论都强调学习者个体是学习的主体,同时也强调学习者之间合作的重要性;强调“学”和“用”的有机结合,“用”是“学”的目的,也是“学”的手段,提倡学习者在交往中全面提高内在素质。

2.“生生互动”的具体形式

“生生互动”指的是学生与学生之间的互动。生生互动活动可以涉及听、说、读、写、译所有的语言技能。如学生一起探讨听、说、读、写、译中遇到的问题,而不是直接去找教师要正确答案。他们还可以就一个话题进行讨论、辩论,然后各自把结果整理成一篇文章,成文之后相互批改。生生互动的类型是多方面的,如学生个人与个人之间的互动、学生个人与小组之间的互动、学生个人与全班之间的互动、学生小组与小组之间的互动、学生小组与全班之间的互动等。经常进行的生生互动的具体形式有以教促学(讲座、组织课堂教学等)、研讨会、小组讨论、同桌讨论、自编自演、演讲比赛、辩论赛、互批作业等。课堂上的生生互动活动是一个动态的、富有创造性的探索过程,每次上课都应该根据课文的内容、授课学生的特长、教学计划等因素对各种课堂互动活动进行新的排列组合。开展生生互动活动的目的不仅仅是给学生一个复习巩固学过的语言知识、提高听说能力的机会,还在于使课上和课下形成互动,促进学生课下的自主学习,使学生把学习的重点放到学习的过程上去。没有过程就没有结果,只有扎实的过程才能带来好的结果。与此同时,生生互动活动还可以全面有效地提高学生的内在素质,培养他们的创新能力。下面重点讨论三种互动活动:讲座、组织课堂教学和自编自演。

(1)学生做讲座。每次上课拿出10分钟由一个学生举办讲座。讲座时间5分钟,之后的提问讨论5分钟。主讲人准备讲座时挑选自己很感兴趣的话题,然后翻阅适合大学生英语水平的杂志和报纸,选中自己喜欢的文章,调整文章的长度和语言难度,把生词控制在一定的范围,用学过的同义词和结构替换部分偏难或偏易的词汇和结构。做讲座前把生词写在黑板上。讲座开始时讲座人首先介绍讲座的概要。讲座过程中,讲座人把每部分的标题写到黑板上,其他学生则适当地做些笔记。讲座结束后由讲座人向听众提问有关讲座内容方面的问题或回答听众的提问,之后讲座人组织听众根据讲座内容进行讨论和辩论。

(2)学生组织课堂教学。学生组织课堂教学并不是请学生做传统意义上的老师,一个人在台上讲,其他学生在台下记笔记。学生组织课堂教学指的是几个学生扮演老师,在课堂上组织其他的学生进行生生互动活动。笔者的学生使用的教材是《新编大学英语》。学生组织课堂教学的部分是每单元的课上阅读和课后阅读,它们由三人一组的两个学生小组分别负责,分两次课进行,每次大约 30 分钟。学生组织课堂教学的基本要求是:①备课充分;②课堂活动的内容应与本单元的话题和语言点相关;③课堂活动形式可以是生生互动的任何形式。衡量课堂活动成功的标准之一是其他学生参与课堂活动的学生人数越多越好。但对课堂活动的具体内容和形式老师则不做过细的要求,以免影响学生创造力的发挥。三个人一组的学生通过协商确定具体上课内容和形式,然后对任务进行分工,分别负责相应的部分。这样做的目的是不给学生过大的压力,以便使他们有时间进行充分的准备;同时作为一个整体在合作的过程中可以培养他们的团队精神。通过合作,他们可以集思广益,也可以更好地发挥个人的特长,圆满完成教学任务。学生做讲座和组织课堂教学的主要优点是:①提高学生的口语能力;②提供学生之间传授知识的机会;③把学生的特长和爱好融入学习过程,让每个学生体验到成功的快乐;④促进自主学习;⑤锻炼学生的组织能力和应变能力。

讲座、组织课堂教学也有各自的特点,如做讲座促使学生带着更大的动力进行广泛的阅读,提高阅读能力,同时还使他们通过修改文章提高写作能力。组织课堂教学促使学生认真预习,从而培养其自学能力和团队精神等。

在刚开始采用以教促学的互动形式时,教师宜挑选英语语言知识比较扎实、语言应用能力相对较强、勇于接受挑战的学生进行示范,教师则提出一些原则性的要求。经过几轮这样的学生示范之后,在总结他们经验和教训的基础上,组织课堂教学则应变成每个学生必须完成的学习任务,上课的顺序按学号进行。

3. 自编自演

自编自演活动是由学生创作的表演活动。每次上课由自由组合不限人数的一组学生进行表演,时间为 5 分钟。每学期每个学生至少有一次机会。对此项活动的唯一要求是必须用英语进行,其他则由学生自由发挥。笔者的学生在课堂上表演的节目形式多种多样,有说的,也有唱的。如自编的相声,改编的古今中外的名篇佳作,老戏新传,自编的戏剧、话剧。这些节目中有的是借助工具书直接用英语创作,有的则用汉语改编后再借助工具书翻译成英语。学生们都十分喜爱这个项目,积极性很高,准备得很充分,表演得也很逼真。由于学生在全班面前进行的互动活动很多,表演时一般都比较放松。这是学生上课最开心的一刻。活动一般安排在上课之初,为的是给学生一个好心情,使他们精神饱满地投入课堂活动。活动有时也安排在其他活动之后,目的是在学生感到疲乏时调节一下课堂气氛。这项活动的优点是:①提高他们的语言应用能力;②培养学生的想象力和创造力;③开发学生的表演才能;④使学生在轻松、愉悦的气氛中学习英语;⑤促使学生动力十足地进行自主学习;⑥培养他们的团结协作精神。

为了保证生生互动活动的质量,应该给准备充分、表现出色的学生应得的表扬和鼓励,而对表现不好且准备不认真的学生进行相应的惩罚,使学生明确自己的成绩和不足。鉴于学生对分数的重视,笔者对学生在课堂上的表现进行打分。打分时综合考虑学生的表现:学习态度、学习进步、语言能力、内容、风格、交际策略的运用、风度、应变能力、创造力等。这样做可以对学生有一个全面的评价,使每个学生都体验到成功的喜悦,大力推动全人教育,同时也使学生意识到自己的弱点,有一个努力的方向。另外,打分应与讲评有机地结合起来。讲评在学生的进步中起着不可忽视的作用。讲评时要充分肯定学生的优点,也要提出其不足,更重要的是给学生提出切实可行的建议。讲评对其他学生也起到一个引导作用,使他们明确在今后的学习中应该学习什么,避免什么。

4. 影响生生互动活动开展的因素及应对策略

(1)学生对生生互动模式的怀疑和教师的应对策略。笔者遵循的教学原则是自主学习和以学生为中心。学生课下的自主学习和课堂上以学生为中心的有机结合是学生英语学习成功的保障。在实行生生互动教学模式的初期,传统教学法使学生习惯于老师满堂灌,对老师过分依赖,对自主学习和以学生为中心的模式没有信心。对此笔者同时采取以下几项措施。

首先要用新的教学理念武装学生的头脑,对他们的英语学习进行方向上的引导,系统地向学生传授学习策略和方法,并在新模式实施的初期经常在课堂上示范学习策略和方法,使他们对此有一个感性的认识。

向他们推荐适合于他们课下自主学习的网络课件、辅导用书、英语工具书、英语读物、英文报刊等。严格检查布置给学生的各项作业,确保他们踏踏实实地预习和复习。这些作业涉及听、说、读、写、译五项技能,避免因为课堂的重点放在了互动活动上而出现"文盲"英语。确保课堂上进行的部分生生互动的活动内容与本单元的话题和语言点相关,使语言的输入和输出有机地结合起来,以达到知识内化的目的。

对学生组织课堂教学时遗漏的难点、重点进行适当的提示和补充。对学生互动活动中出现的错误在活动结束后进行快速的纠正。鼓励学生遇到问题时先尝试自己解决,力所不能及时再求助于同学和老师。

坚持进行单元测试,其内容包括阅读文章、写课文概要、写同义词和反义词、完形填空(根据课文填空,填原词)、词汇结构单选、写作等项目。这样可以督促学生进行有效的复习,并且通过考试发现问题、解决问题、发现错误、纠正错误。

利用学生高度重视大学英语四级考试的心理,在试行生生互动模式一段时间之后让他们在规定的时间内做一套往年的四级题,用事实说服他们,使他们从心理上接受新的教学模式。

(2)学生对同学的表现期望过高。有些学生会因为其他同学表达能力有限使得他们在讨论发言中的表现不那么令人满意,或是同学上课没有教师上课的效果好等因素而对生生互动活动产生抵触情绪。学生的这种情绪是可以理解的。英语教学的目的是提高学生的语言能力和综合素质,而学生能力和素质的提高必须靠学生自身的努力去完成,所以学生才是课堂的中心,是实践的主力军。为了保证学生实践活动的效果,教师应向学生介绍"中介语"的概念,使他们意识到英语能力的提高是一个不断犯语言错误和逐渐改正错误的过程,从而使他们对自己在互动活动中的点滴进步感到骄傲,对课堂上的互动活动充满期待,而不是因不可避免的错误感到气馁而放弃参加互动活动。总之,教师应教育学生客观地看问题,用动态的眼光看问题,对自己的进步充满耐心和信心。

5. 小结

新时期英语教学的目标是培养具备英语能力和创造力的综合性人才，英语课堂活动是实现新时期英语教学目标的行之有效的教学模式之一。在生生互动的课堂上，学生可以通过做讲座、组织课堂教学、自编自演等各种互动活动相互沟通、激励和启发，在轻松愉悦的气氛中把语言知识与语言技能有机地结合起来，把个人的体验与语言学习结合起来，将语言学习与个人教育结合起来，使学生的语言能力和整体素质都得到提高。

（二）教学方法

"教无定法，但必有法，贵在得法"是很多教师信奉的教学要旨。然而细细分析，这三个"法"字却代表着不同的含义。"教无定法"的"法"指具体的教学方法，可以理解为路子、方法和技巧中的第二个，是一套向学生传授语言知识的整体计划。在中国的外语教学界，先后流行过语法翻译法、听说法、交际法、任务法等教学法。但是，我国的方法论研究在很大程度上还只停留在"拿来"的阶段，即盲目跟风外国的方法，而缺少对具体教学目标、环境、手段和过程的调查研究，结果造成这些"舶来"的方法并不能完全满足我国课堂教学的需要。

"但必有法"的"法"更多的指隐藏于各种课堂教学方法之后的更深层次的理念，也就是教师认为正确的感觉。感觉来自很多方面，可能是教师过去做学生的经历、教书的经验、培训的收获、与同事交流的结果、为人父母的感悟等。带着这些理念，教师走进课堂，用自己的亲身经历、喜好、热情和创造力感染学生。这些理念是教师智慧的积累，也是教学智慧的源泉。

而"贵在得法"的"法"，却对教学提出了更高的要求。如果一味凭"感觉"传道授业解惑，没有选择标准和评估标准，最终得到的只能是无系统、无理论的教学方法大杂烩。

1. 库氏的宏观策略框架

许多研究者都构建了后方法的具体框架，其中最为成熟的是宏观策略框架。库氏认为，凡可称为后方法教学法的，皆需三大重要参数——特殊性、实用性和可能性。

特殊性强调因地制宜、因材施教，摈弃了以往抛开具体场景空谈方法的做法，要求深刻了解教学当地的语言、社会文化和政治特性，认识到“特定的教师是在特定的社会文化大环境和特定的组织小环境下，为了某些特定的目标而教授一批特定的学生”。为了认清这些特殊性，政策制定者和项目推动者必须对当地的教学环境有批判性的认识，教师更应观察和评价教学行为，发现教学中存在的问题并寻找对策。

实用性更是彻底颠覆了以往方法理念中“理论家设计方法，教师实践方法”的两分法，这种分工实际上将教学第一线的教师边缘化了，认为他们只能够实践、检验教学方法，而没有真正的话语权。库氏认为，如果专家基于情景的教学知识必须从教师的日常教学中获得，教师自己也应当能够把教学实践上升到理论，再将理论回归实践。教师不应该只被看作是应用理论的工匠，他们也应该是从实践中总结理论的实干家。要保证教师角色的顺利转换，必须不断帮助教师增加知识和技能，培养科研的态度和自主性。只有产生于教学课堂中的理论，才具备真正的实用性。

可能性参数考虑教学理论是否与教师带到教学场景中的“经验”相适应，此经验由政治、经济、文化等诸多宏观因素以及课堂内部微观因素共同形成。库氏认识到，西方二语教学界设计的教学方法很可能不适合其他国家，因而能真正产生良好效果的理论必定需要适应具体的宏观和微观环境。可能性参数还同时关注语言意识形态和学习者身份。

以上三大参数互相交织，相辅相成，形成后方法教学法的概念基础。宏观策略框架，上层由十条宏观策略构成，下层则是教师可以构建的微观策略的示例，以帮助教师自主科研。十条宏观策略分别是学习机会最大化、促进协商式互动、认识错配最小化、激活直觉启发式教学、提高语言意识、语言输入语境化、综合教授各项语言技能、促进学习者自主性、确保社会关联性和增强文化意识。这些策略没有明显的理论流派，也不是一套新的教学方法。每个宏观策略之下，库氏又列举了一些小的微观策略用以指导教学课堂中的具体操作。这一框架是开放式的，它鼓励教师设计、实践符合当地教学环境的各种微观策略。

“后方法”理论的出现为我国教师教育理念的更新提供了一个很好的契机。萧好章指出:“在‘交际教学法’逐渐退出教学舞台之后,我国教师似乎被西方变化不定的方法所困惑。因此,为广大大学英语教师寻找更新教学理念的有效途径已是迫在眉睫。”当中国的外语教学界不断引进西方一个又一个方法时,国外已经开始对方法本身表示怀疑。我国的外语教学界“缺乏从哲学高度对外语教学的本质和方法等重大理论问题的探讨和研究”。离开相关学科理论而空谈方法,对真正提高我们的大学英语教学水平毫无裨益。

2. 后方法时代的教师

后方法理论颠覆了以往“言必称方法”的旧理念,使语言教师摆脱了方法的拘束,把过去被边缘化了的教师重新定义为教学理论的主体创造者。

调查表明,相当数量的教师都认为国外的教学法难以适应中国本土的环境,他们在实际教学中按照自己的感觉,综合采用了各种教学法。感觉虽然重要,但是却没有明确的评价标准,不是完善的体系,不利于科学系统地探索具有中国特色的外语教学经验。

本书认为,后方法理念正是在这点上弥补了折中主义的不足。通过将符合语言学及语言习得理论的策略纳入一个开放的宏观体系中,后方法的框架以库氏的宏观策略框架为代表为教师的课堂实践和评估决策提供了系统的理论依据。宏观策略框架的特殊性、实用性、可能性三大参数从各个角度归纳了教学最本质的问题,并为课程设置、教材开发、教学评估等各个教学环节提供了标准。

同时,后方法的框架是开放的,各个宏观策略之下有很多微观策略,以适应各地不同的情况。传统的教学法易使专家和一线教师之间出现脱节。而后方法理念把科研的主动权还给了教师,承认老师不仅会教学,还能够根据教学经验对宏观策略框架进行扩充和修改,同时在理论指导的基础上自我分析和评价教学实践。十条宏观策略只是粗略提出了一些宏观原则,如何在中国的外语教学课堂内具体有效地贯彻这些原则,还需要更多一线教师的研究。

3. 后方法时代的教师教育

由于后方法理念对教师提出了更高的要求,教师教育也必定得有所改变。传统的教师教育的内容是孤立的知识和技能,与实际教学中的社会、政治、经济、文化等背景都严重脱节。教师教育的方法则是培训者占主导的“独唱”式讲学。教育权威者被视为权威,他们规定教师的教学行为以确保课堂教学的有效性。受教育教师只能被动地听取和接受教育权威者的观点,最多只能发表一些见解。这种“药方式”教育很明显已经不符合现在的教学需求。

传授知识固然重要,但帮助职前或在职教师获得反思自身教学的自主权更加珍贵。要达到这一目的,教师培训的方式就得以互动为主,通过对话式的交流,不断构建教师对教学的领会。同时还应强调课堂观察的重要作用,尤其是系统地观察教学经验丰富的教师。在课堂观察中,应注意定量分析和定性分析相结合,并最终使教师对于自己的课堂教学行为形成深度思考。

教育权威者还应帮助教师学会科研。大多数情况下,教师的教学研究并不一定非要有费时费力、控制精确的实验设计,教师也不一定要具备如理论研究者那般深厚的理论功底。教师需要做的是把眼睛、耳朵和思想带入课堂,认真观察哪些做法取得了很好的效果,而哪些却没有。这些亲身得来的体会和数据信息是教师智慧的源泉。教育权威者需要帮助教师认识到这样做的必要性,并使他们掌握把这些数据信息提炼成可操作理论的技巧。

4. 新形势下的英语教学方法

(1)传统教学模式的弊端。传统的教学方法主要是教师讲、学生听,不能够有效、积极地调动学生的学习兴趣和热情。不仅如此,在教学上,受考试和过级的现实“束缚”,教师往往注重理论知识、英语语法、试题测试等方面,而极少培养学生的读、写能力,同时,大学学习主要是自主学习,更加使得教师与学生在这方面做得十分欠缺,最终导致培养出来的是能够应付各种考试,而无法熟练与人交流的大学生。因此,在顺应时代发展和需求下,应积极探索新的教学模式与方法,从而不断提高大学英语教学水平,为社会培养出更多新型、适合社会发展的人才。

(2)转变传统教学观念,跳出传统教学的多重误区。传统与非传统教学的界限,很大程度上取决于培养的人才上面。传统英语教学在一定程度上制约了英语人才的培养,阻碍了社会的进步与发展。因此,教师作为教学的主体之一,应转变传统教学观念,明确教学的重点与目标,培养学生运用英语的实际能力,从以应试教育为主向素质教育转变,摒弃为通过四、六级考试而采取的急功近利的方式。同时,在教学方法上应当独树一帜,在结合当下英语教学需求和认识英语教学问题的情况下,借鉴并创新,从而做到改变传统教学方法,走出英语教学的困境,使得英语教学事半功倍。

(3)充分借助多媒体教学设备,以学生的听、说能力为教学目标。随着社会的不断发展,各种多媒体设备被用于教学工作中,利用图像与声音教学,使得教学课堂更为丰富,教学场面更富有真实感,从而能够帮助学生更好地领悟教学课程。同时,声音与图片的有机结合,能够培养学生的听力和语感,从而使得教学内容更加丰富,让学生能够更好掌握知识。随着电教媒体的不断丰富,大学英语教学方法变得多样化,从而使得学生的阅读力与听力不断提高,学生的视觉与听觉感官都参与进教学中,受到充分的感知与响应。这样能够极大提高学生对教学内容的记忆、理解与吸收,同时也能够很好地保持和充分地调动学生学习英语的热情与积极性,从而有效地发挥学生在教学中的主导地位,在时间有限的课堂教学中最大限度地为学生提供和创设学习英语的良好环境,有力地巩固与提高英语知识和英语训练技巧的形成,对帮助学生提高听、说、读、写能力都有巨大的作用。

(4)教师利用情景教学的模式指导教学。英语教学的方法多种多样,并且极为灵活。其中设置情景教学就是较为常见的一种,在教学中让学生置身于书本和课堂内,参与某个角色的扮演,让学生自己发挥主观能动性,将课本中的对话知识转换为真实的情景模式,并且加以生动的演练。在这个过程中,教师可以辅助学生,增强学生的自主学习能力,对于学生的口语能力培养训练具有极大的促进作用,从而加强学生学习英语的兴趣与能力。采用情景教学方法,也能够有效活跃课堂的教学气氛,让学生主动了解并深入理解课本上的英语知识,了解西方文化与东方文化的差异,这样更加有利于学生英语能力的培养与形成。

(5)以学生作为教学中心,改变传统的教学方法。在传统英语教学中,学生往往被动接受课本知识,同时,教师以考试为教学目的,这样就导致了学生在接受知识的时候参与性不强,在教学中忽略了学生的主体地位。传统的教学强调的是死记硬背语法规则，而忽视了学生英语口语能力的培养，忽略了英语作为一门语言课程的作用，使得课堂气氛沉闷。这样，学生对于语言的运用能力从何谈起？因此，在新的形势下，教师应当坚持以学生为主体进行教学活动的设计和执行，加强对学生英语听、说能力的训练。在课堂教学中，教师应当放低姿态，给学生足够的空间，增强其自信，根据教学内容提出问题，让学生主动思考与回答，并且给予鼓励与赞扬，让学生喜爱这样的自我表达，从而更加热爱英语课堂。除此之外，教师还可以将学生分为若干个学习小组，对问题进行探讨，在探讨结束后自由发表言论，并且分析与讲解，最后由老师总结，这样可以有效缓解学生在听、说英语时的紧张心情，提高教学效果。

(6)积极探索并创新考试方法。传统教育方法培养的是能够应付考试的学生，考试的能力比一般的学习能力更强。在学校教育中，检验学生学习能力和学习成绩，并且刺激学生学习的有效方式就是考试。但是，考试必须体现该课程学生全面发展的目的，这也是现代教育对学校提出的要求。在传统的英语考试中，主要是对学生的词汇、语法的测试，使得学生在学习中注重的是词汇与语法的学习与记忆，注重语法规则，但忽视了语言是交流、交际工具。因此，要改革传统考试方式，探寻和创新考试机制，在掌握基本词汇与语法规则的前提下，通过长时间的学习，由老师创设一定的模拟情景，提出问题，让学生自由阐述自己的观点，给学生提供充分的表达自己的机会，并且问题可以是开放多样的，让学生即兴发挥，从而更好地检验学生的听、说能力。

综上所述，随着社会的发展，需要的是具有较强综合素养和较高英语能力的人才。但在传统的教学体系下，英语教育者和学习者往往是只中意于纸上的英语，而偏离了英语是用于交流所用的根本性质，这就使得学生在听、说能力上表现欠佳。大学英语教育对培养实用型英语人才有至关重要的影响，因此，在今天，大学教师更应思考该如何创新英语教学方法。

第五节　二语言习得的文化教学研究
——以方位词“上”“下”为例

本节共分为五部分:第一部分是绪论,介绍了选题意义和研究现状。第二部分从方位词“上”“下” 的基本词义出发,引申它们的文化内涵。第三部分在方位词“上”“下”文化研究 的基础上引用了范例教学方法,使学生通过与范例的接触,进入语篇情景中,最 后到掌握所学的内容。第四部分是方位词“上”“下”的时空认知分析,在这章节中, 用了纲要图式教学法和认知学说两种教学方法,来理解“上”“下”的时空概念。第五部分是本课题的结论,道明了本文研究的不足。

一、绪论

(一)选题意义

对外汉语教学是以汉语作为第二语言的教学,第二语言教学不同于第一语言教学,前者的学习者来自另外一种不同的文化背景,他们只了解一点或者从来没有接触过第二语言国家的文化,而且他们学习语言的有利时机也过去了。比如儿童七到八岁是学习语言的最好时间,另外,他们从本国文化形成的思维定式又影 响他们去学习第二语言。后者那种学习过程是自然而然,没有强迫和压制,就如 神经心理学家认为的那样,是人类的本能机制,也就是语言和学习者没有分离, 互为一体,学习者也不是为了学语言而去学语言。两种不同的学习心理状态和学习环境需要对外汉语教学工作者根据教学原理,目地,以及教学规律不断调整教学内容和方法去适应多变的教学环境,以便达到预期的教学效果。当然,对外汉语教学不仅仅让学习者学习系统的语言知识,还需要学习中国文化,因为离开文化的语言学习就如同没有强壮根系的树木,大风一吹就会摇摇欲坠。正如,学习汉语的留学生所说:如果不了解中国文化,我不能领略唐代的诗歌,这不是语言的问题而是文化的障碍。所以语言和文化是密切地交织在一起,语言文化教学法也在此基础上应运而生。前辈们在对外汉语教学实践中通过把文化和语言的同步结合,让学习者事半功倍地掌握语言的同时也理解了中国文化做了很多大量的实际工作。本文主要以中国方位词“上”“下”为例,通过对这两个词的各种用法及表现形式和内涵来说明语言和文化教学是不可分开的。

(二)研究现状

随着语言学研究领域的新扩展,特别是语言学理论和跨文化交际理论对于心理学方面,认知方面和社会因素等方面的研究使我们在第二语言教学方面有了更[①]深入的认识。语言学家 stern 将第二语言教学理论定义为“语言教学所基于的思想”。也就是语言或语言学习理论对语言实际教学的指导作用意义重大。中国的对外汉语教学始于 50 年代初,到现代近有 60 年的历史。很多专家和学者在第二语言教学理论以及语言和文化关系方面做了大量的工作,进行了广泛而深入的研究。这些宝贵的著作给我的课题提供了重要的参考价值。

在第二语言习得方面,吴旭东[②]在《第二语言习得研究——方法与实践》中用各种研究方法,包括探索性研究,描述性研究、实验性研究等方法,通过实际案例,来论述具体的学习环境才能真正揭示第二语言习得过程的本质。

在文化与语言的关系方面,来自林宝卿[③]的《汉语与中国文化》从字与中国文化,词语与中国文化,语法与中国文化等方面论述语言和文化的重要关系,语言承载文化的内涵,对第二语言教学者来说,文化和语言是不能割裂开来的。邢福义[④]的《文化语言学》认为语言是文化的符号,文化是语言的管轨,从语言中看出文化所包含的结构层次,发展轨迹等,从文化中看出语言的系统观念,接触、影响、发展等特征。

在认知结构方面,吴为善[⑤]在《认知语言学与汉语研究》第五章的概念隐喻与概念转喻中论述英汉语空间隐喻的相同点,从而给第二语言学习者带来方便。王

① 朱显平. 推广中国语言文化国际研讨会论文集[M]. 长春:长春出版社,2011:134.
② 吴旭东. 第二语言习得研究——方法与实践[M]. 上海:上海外语教育出版社,2006.
③ 林宝卿. 汉语与中国文化[M]. 北京:科学出版社,2000.
④ 邢福义. 文化语言学[M]. 湖北:湖北教育出版社,2006.
⑤ 吴为善. 认知语言学与汉语研究[M]. 上海:复旦大学出版社,2011.

寅[①]的《认知语言学》第五章的意象图式论证图式在认知过程中所起的作用，以及其语义从具体到抽象的扩展过程。学习者可以从直观的图式中理解第二语言的语义以及其延伸过程。

二、方位词“上”“下”的文化意义延伸

(一)方位词“上”“下”的字源，基本词义分析

汉字的具象形凝聚着古代人对现实物质世界的认识，每个方块文字都有着它历史地演变以及它与劳动人民所创造的文化紧密相关，它的字形结构反映着人们朴素的世界观和简单的辩证法。汉字的六书理论包括象形、形声、转注、假借、指事、会意、它们是造字的基本原理。汉字“上”指事，字形由两横构成，下面较长的一横是地平线，上面较短的一横是指事符号。“下”是上面较长的横画(有的字形上面一画带弧形)是地平线，下面较短的横是指事符号。[②] 后来，示意的一点变为纵线，进而纵线旁加点，演化为“上”“下”。先民们造字都是来自生活的经验以及对自身和自然界认识的一种物质体现，通过文字去理解主客观世界，如，“上”“下”的字源通过一横地平线，以及地平线上面和下面的短横，两条抽象的符号来表示具体的空间方位词。

方位词顾名思义就是表示所在方向位置的词，是最基本的表示以人为主体的与外在客观世界发生关系的时间空间抽象词。方位词可以分单纯方位词和合成方位词，“上”和“下”是单纯方位词，“上面”“上去”“下方”“下部”等是合成方位词。合成方位词的词法结构可以分为联合和偏正。“上下”“左右”等是联合结构，“上头”“上边”“下侧”是偏正结构。“上”的基本词性是名词(方位词)、形容词、动词。本义是位置在高处的，上面，本义也就是指词的本来意义，原始意义。上，高也，凡上之属皆从上。[③] 依据方位词“上”的本义组成的合成方位词：上部、上游、上面、上方。“下”的基本词性是名词(方位词)、形容词、动词。本义是位置在低处的，下

① 王寅. 认知语言学[M]. 上海：上海外语教育出版社，2007.
② 李乐毅. 汉字演变五百例[M]. 北京：北京语言出版社，1992：56.
③ 王贵元，说文解字校笺[M]. 上海：学林出版社，2002：9.

游,下,底也。“下”组成的合成方位词有:下部、下面、下方。

(二)方位词“上”“下”的词义引申及其文化意蕴

方位词“上”和“下”组成的合成方位词所表达的意义本身没有文化观念,只是客观的表现事物的时空范畴。如,“上面”“下面”“上方”等。随着时间的推移,人类所处的内外环境发生改变,在体验着丰富的生活经历后,逐渐对周围事物的认识和理解变得越来越深入和宽广。记载事物概念和关系的文字的意义也在不断延伸和发展,某个词的内涵从单一的只是表现物象的简单定义,到不断深入和扩展的涉入到精神层面,文化层面的抽象概念。人们创构表征新现事物的概念时,总会突现它与原有事物之概念相同相近的内涵要素,因此文化的迹象体现在了词义上,语言是现实的反映,方位词“上”和“下”在本义的基础上分别形成了多种义项,本文只是简单介绍它们几种基本的义项与及延伸的文化内涵。

上:1 位置在高处的;2 时间在前面的;3 品级较高的;4 地位较高的;5 向高处运行;6 尊崇。

下:1 位置在低处的;2 时间在后面的;3 品级较低的;4 地位较低的;5 向低处运行;6 轻视。

方位词“上”和“下”的义项是互相对立的。“上”和“下”的本义分别是“位置在高处的”和“位置在低处的”,其他几个都是在后来的生活实践中,随着社会的发展变化,人们在社会生活中创造出物质世界的同时,新的观念和思想也在不断涌现,适应新的概念的新的词义也在扩展。而新的词义大多数是在本义的基础上建立并得到延伸的,如果说本义是树木的主根,那新的词义就是侧根,侧根是在主根的基础上生长的。下面就其他的五个义项分析它们是如何在本义的基础上提升到文化的意义。

方位词“上”的义项“位置在高处的”中的“位置”在《现代汉语词典》里面有两种解释:1 所在或所占的地方;2 地位;关于“上”的本义中的“位置”是所在或所占的地方。“地位”这个词义含有文化观念的东西在里面,也就是说“位置在高处的”延伸的意义是“地位在高处的”。如,“上谕”在《现代汉语词典》的意思是:皇帝发布的命令。“上房”也就是正房,中国封建社会一夫多妻,在嫡长子承继下有一套严格的亲属制度。“上司”和“上级”指的都是某部门地位比较高的领导者。这些词中的“上”都表明地位比较高。“下”的词义跟“上”对立,对立的矛盾让人们对事物的态度有差别,在《现代汉语词典》里:“下人”是,旧时指仆人,也叫底下人。“下级”是:同一组织系统中等级低的组织或人员。“下层”是:下面的一层或几层(多用于机构、组织、阶层)。这些词义表明社会中人们观念里所具有的地位身份差异。以儒家思想为正统的中国文化里,人与人之间在社会上甚至家庭里都有严格的等级之分,等级制度贯串在生活的各个方面。一个民族的词义来自生活并且词义本身能够揭示这个民族的心理状态。中国人意识中强烈的尊卑等级之分通过对方位词中时空关系的认知最后扩展到社会文化层面上,语言承载着文化的信息。

义项“时间在前面的”和“时间在后面的”指的是前后时间概念,一般来说,时间和空间是互相联系不分开的,没有离开时间的空间,反过来也是如此,因此很多空间方位词也表示时间定义,方位词“上”在时间方面的词义指的是“时间在前面的”,它在时间表现方面本身也没有包含文化迹象,比如它组成的词:上午、上次、上半年、上半夜。方位词“下”有:下午、下次、下半年、下半夜。这些词只是客观的所在世界的时间定义,过去的时间和将来的时间连成一条时间线轴,加上空间的方位词“上面”“下面”“左面”和“右面”,组成我们所处世界的四维时空。词义“上辈子”和“下辈子”是来自佛教的一种观点,认为人是生生世世相延续的,死是生的开始,因此人有上辈子和下辈子也就是前世和后世。这两个义项超越了我们所认识的一种时空范围,它们在本义的词义上发展成主观的一种文化观念,进而主导人的思维模式,从而在社会上形成一种文化现象,更进一步地影响人们的人生观和世界观最后决定人的行为方式。

“上”的义项“向高处运行”趋向动词,事物由低处到高处,是指所在地理位置差异,特定事物在空间位置上的关系,将一事物和另一事物的空间背景中的位置独立划分出来作为认知对象,并且概括其特征,建构概念,予以符号表征,命名为“上”。词的组成方式一般是动词+名词,组建的词有“上楼”“上车”“上升”“上山”等。方位词“下”的义项表明事物向相对的方向运行,“下楼”“下车”“下升”“下山”等。体现了我们所处的客观世界的运行规则,在对立中达到统一。然而其他的词如:上北京等词的意义表达了更深的一层文化意识和社会观念。因为第二语言学习者在词所表征的表面意义上是不能明白它的意思,只能结合词义里面所蕴含的社会文化知识才能理解它的真正概念。比如,“上山”向高处运行,是从山下走到山上去。我们仅仅了解词义本身就可以了。但是,有些词义即使在字典上也不能让第二语言学习者完全理解,“上北京”体现了义项“地位较高的”和“尊崇”的意思。它反映了人们在社会生活中对权力和地位的膜拜,体现的是一种抽象概念上的事物由低处到高处的认知。方位词“下”表现的文化意义是从高处向低处运行,或者说从等级地位高的向低的方面行事,“下聘”指得是:旧时指男家向女家致送订婚的财礼。中国文化里男尊女卑的思想影响社会中男女关系的方方面面,从生活礼仪到婚嫁丧娶,女人只是男人的附庸品。在深层的文化观念上,我们不仅能理解“下聘”的语言意义更能体会它所表达的社会文化内涵。第二语言学习者在文化的基础上掌握语言会更加融会贯通,并且能更快地提高交际能力。“下海”和“下汉口”体现的是中国传统文化不一样的心理状态。“下海”的本义是到海中去。我们知道,随着社会生活,思想意识的发展,词义也会在本义的基础上创造出适合时代的新词义,在近代,也就是中国改革开放后,它所表示的意思在《现代汉语词典》中是:指放弃原来的工作而经营商业。第二语言学习者也只有在真正了解中国几千年来的文化基础上才会明白语言所体现的深层意思。比如为什么我们从一开始造词时用“下海”和“下汉口”而不用“上海”和“上汉口”。当然这里的“上海”跟城市名称“上海”完全不一样。“下汉口”词义中,汉口是武汉的商业地段,有闻名全国的汉正街商业中心,所以这里的“下汉口”不仅仅是指地理位置,而是表征一种文化观念。

“上馆子”“上厕所”“上学”“上坟”这组词义从方位词“上”后面的附加名词知道,它们表达的都是人类日常生活的一种基本活动。第二语言学习者能从字面理解这些词的词义,比如“上馆子”是:去饭店吃喝。但可能会问为什么不说“下馆子”或者“下厕所”而是说“上馆子”和“上厕所”? 人类生存的基础是柴米油盐,吃喝拉撒,人类首先是活着,然后才是我们自身的更进一步的发展,活着对人类来说是头等大事,生命都不存在哪里来的发展,因此基本的也就是地位较高的,高楼没有强大的地基做基础,一遇到外界的力量对它的破坏就很容易倒塌,当然这里的地位不是指权势,而是指重要性。这也是中国人一种朴素的哲学观念,最基本的也是最重要的,从这种观念出发创造了"上馆子""上厕所"。"上学"也是人类最基本的活动之一,因为人类不学习也就不可能有我们今天的文明。

"上坟"是:到坟前祭奠。中国文化里死者为大体现了古人对先人的尊重,词义的引申必须有社会和民族文化的基础,语言是个人的,也是社会的。在《现代汉语词典》里"下工夫"的定义是:为了达到某个目的而花费很多的时间和很大的精力。这里的"工夫"是劳动,本源指得是人的体力劳动,劳动的生活经验告诉我们向下用力能让我们全身包括头脑都参与到运动中去,从本意引申到抽象意象上的时间和人的精力,劳动创造生活,中国人在世界上一直被认为是最勤劳的民族之一,文字的产生和我们的生活劳动息息相关。

"品级较高的"是指事物的等级或品质高的,"上等"和"上品"在《现代汉语词典》里指的都是:等级高的,质量高的。相反的,"下等"和"下品"是:等级和质量低的。这里的事物不是那种抽象概念上的,更多的是指我们生活中客观的物体,比如衣服、杯子、茶叶等。一个社会越文明,它的社会文化也就越丰富,存在这个社会的所有物质的意识的东西会具有更多复杂的观念上的,价值判断的,从而产生了人们相应的态度,形成了相应的社会互动方式。衣服、杯子、茶叶是客观存在的物质,它们本身不具有任何观念的东西在里面,但是当它们表现的是一种文化现象时,衣服、杯子、茶叶就分成了不同的品质和等级,从而形成社会经济利益,中国传统文化对事物质量的差异和人们地位的差异形成社会中一种稳定的符号表征和心理表征。

最后谈谈"上""下"两个对立的词组成上下时,在所描述的事物中所表达的辨证关系,中国文化认为事物都是一分为二的,比如,前后、美丑、刚柔、大小、生死等一系列对立统一的概念。如:

(1)作为一个父亲,如果上梁不正下梁歪,那么最后你的儿子也会跟你一样。

(2)四川地震时,全国上下一心抗震救灾。

例(1)"上梁"引起"下梁"和"全国上下"中,空间是纵向对立的,在力学中,力会对物体产生影响,相反的力比相同方向力的力量更大,因此处在空间中的事物在对立关系的影响和力的作用下,互相强烈的引起连锁反应,"上梁不正"也就是上面的人心术不正会很快影响到下面的人,例(2)"全国上下"也就是领导和老百姓能同心的话,抗震救灾会更进行的更顺利,也会让更多的人自愿投入到活动中来。总的来说,一个国家的文化影响着它的语言表达,反过来也是如此,因此第二语言学习者在学习某国的语言时,也是在了解它的文化。

三、方位词"上""下"的第二语言习得的文化教学

第二语言习得教学的语境和第一语言不相同,语言的应用和发展都离不开语境,第二语言习得者是离开母语的环境,因此文化和语言都是陌生的,对初学者来说需要通过营造一种环境来完成对语言的学习。这种环境包括语言内外的语境,比如,时空环境,时代背景关系等等。教学者会使用一些方法来创造这种环境,在课堂上通过布置直观的具有文化意义的图片道具,在教学方法上可以用角色扮演法让学生身临其境地去感受语境,从而让学生掌握语言。当然,在中国,当我们谈到文化教学时,大多数教学对象的汉语水平是中级的,他们已经能用汉语进行简单的对话,甚至能用中文写作文,因此,对于他们,特别在文化教学时,教学者可以用抽象的教学方法进行课堂实践。本文主要用范例教学法来分析方位词"上""下"的第二语言习得的文化教学。范例法顾名思义就是通过具有典范的,个性的例子进行教学最后归纳总结。首先,教师在黑板上讲解"上""下"的基本词义,然后让同学根据词义造句,扩展他们的思路,最后引导进入到文化层面上去。根据"上""下"的不同义项,在黑板上分别写下具有典范的词,如关于在社会等级方面的文化表征,"上北京""下汉口",然后提问学生为什么不说"下北京""上汉口"?请学生回答。范例法的本质也就是要锻炼学生独立思考的能力,所以多提问学生,可以让学生对问题进行更多的思考,也可以提高他们的课堂积极性。根据同学的回答,老师在黑板上画一张表示等级状态的梯子图形,然后就着图形解释"上北京""下汉口"所包含的文化内涵。老师让几位同学就这两个词造句,最后让两位学生上台自由发挥创造表演"上北京""下汉口"的情景剧,加深学生们对词义的理解。老师

可以让学生们谈谈他们自己国家的文化特点以及和中国文化的区别。通过对典范词义的分析让学生循序渐进地了解语言所体现的文化意义。最后,老师课堂总结时,把“上”“下”延伸词义所代表的文化特点进行分类和比较。在课堂条件允许的情况下,可以在投影机上放些关于中国文化的小故事,让学生在直观的语境中了解文化的内涵,从而理解“上”“下”所表达带有文化观念的词义。

四、方位词“上”“下”时空认知分析

(一)方位词“上”“下”时间认知上的模糊性

世界本是个整体,但人们为了更能掌握或理解这个世界,因此通过思维,语言对现实进行分割,切分。列宁说:“如果不把不间断的东西割断,不使活生生的东西简单化,粗糙化,不加以割碎,不使之僵化,那么我们就不能想象,表达,测量,描述运动。”[①]时间的存在是没有起点和终点,语言对无始无终的时间切分很引人注意,现代汉语的词对时间的切分,有根据线性时间轴分割的,如,过去、现在、未来。有根据人类历史时间分割的,如,唐朝、明朝、现代、当代等。有根据人类自身的时间关系来切分的,如,少年、青年、中年、老年。有根据自然变化的情况和规律作的切分,如,早晨、中午。这些词所代表的时间概念本身没有明显的界限,其间没有明确的界限,如“青年”的切分本身,界限就不清楚,“青年”的年龄阶段划分,每个时代的划分标准都不一样,又比如,“早晨”的明确时间点划分也不是清楚,也就是说,一般运用这些词,并不赋予它严格的起点,终点的规定,所以这些词义是模糊的。下面分析,方位词“上”“下”和一些词搭配后的时间概念产生的认知模糊,主要有:时间上“半”的性质,上半夜、上半天、上午(一天的半天)、下半夜、下半天、下午、表示时间的部位,它把线性的时间分成段。或者是时间名词+上/下,如,三月上、三月下,又或者说方位词“上”和“下”跟别的名词组成的时间概念,如,上次、上星期、上月、上辈子、下次、下星期、下月、下辈子。从我们对客观世界的认识中,时间从单位年可以细分到秒最后到刹那,其实刹那可以再分,一直到无穷,就如量子力学中,物

① 列宁.哲学笔记[M].北京:人民出版社,1963:285

质可以分为原子、电子、质子、中子等微观粒子,而且还可以一直分下去,只是因为我们对客观世界的认识有限,科学技术的发展受到现有知识的制约,很多东西不能用实证去证明它们的存在,所以我们对未知的无穷的客观世界有时只能用假设或者用种观念性的东西去阐释它。基于我们认识的局限性,语言作为人类交流和表达这个世界的承载者,也不能很精确的去描述或者解释这个世界,认知模糊来自我们所认知的世界没有绝对的 1+1=2 这么清楚明了。如,“上午”是“指清晨到正午十二点的一段时间”。清晨是从几点开始,每个地方的地理位置不同时间的定义也不一样,比如东部城市的太阳要比西方升起的早,长江流域和黄河流域的时间要比西部地区新疆等地区早两个时区点,甚至人们的生活习惯不同,比如农村的和城市的生活环境的差异,也会让人们对“清晨”这个时间点产生各种不同的定义。“下午”是:一般指从正午 12 点到日落的一段时间。“日落的一段时间”也是一个区域范围内的时间概念,人们在这个时间范围内决定一定的时间点。某个国家的语言表达特点跟这个国家的文化甚至地理位置有密切关系。英国和中国所处的地理位置不同,英国位于西半球,中国在东半球,英国受高纬度的影响,昼夜长短的变化特别明显,冬天下午到 3 点,天色已黑了,夏天正好相反,晚上 10 点多才开始入黑。所以英语中 A. M 和 P. M 所表达的时间点和汉语不一样。再如,“三月上”或者“三月下”表示 3 月份左右,如,3 月上花就开了。语言来自生活,是主体在社会实践中对客观世界的一种经验的认识,我们不能确切地知道花开的具体日期,所以大家在交流时互相只能用大概的日期去传递信息,当然在每个国家开花的日期不同,可能是四月或五月上花开了,英语国家大多数用单词:about、nearly、possible、probable 等等表示关于上下、左右的时间上的模糊性。最后,“上辈子”和“下辈子”是人对生前和死后的一个超越现有时空的笼统认识。这两个时间概念连接着人们对万物的一种模糊认识,存在是永恒的,因此它们不仅仅是表达了我们对时间本身的模糊性认识,而且它们还超越了现实,进而对人类的存在本身有一个模糊的判断和思考,所以它们包含了双重的模糊性的认知。这些以方位词“上”和“下”组成的时间概念的模糊性,在认知语言的理解中,也就是人的主观感觉中,可以是由于人的生理机制在感知认识事物时会产生“联觉”,一种感官受到刺激会引起其他感官连,也可以是概括和整体的,很多时候人们为了认识事物的本质,会从整体去把握事物,从事物本质的特点来看,绝对的精确性也是不存在的,模糊性是语言表达事物概念时不可缺的特征。认知的范畴化就是人类主观感性的认识和对客观世界整体的总结概括,划分类别,最后形成概念,赋予名称,然后根据事物的不同类别和语义分成相似家族,相似家族就像是一个容器,具备范畴定义的在里面,不具备的就在外边,方位词"上"和"下"组成的时间定义,它们的词义本身就具有模糊性,如上次、上回、下星期、下月等可以放在一个时间段的容器里,它们只是表达大概的时间范围,和具体的时间点有区别,当然时间属于抽象性范畴,它的家族原型具有更多的边界模糊性,在英语里,有专门表示时间的单词,如 second、hour、year、day、Monday 等等,还有一类是用介词和时间定义组成的时间概念,如,on Thursday、in the morning、on an hour 等等,它们组成时间的范畴原型,范畴的边界是不确定的,开放性的,因此在这个范畴中,词汇包含更多的模糊性,在语言交际中,词语所表达的概念的模糊性在大多数情况下并没有影响到我们的交际,语言本来是人类约定俗成下交流的工具,我们在交流中有时并不需要精确的数字,只要能传递信息就可以了。

(二)方位词"上""下"的时间事件

方位词"上"和"下"的基本语义上是空间意义,位置在高处和低处。它们本身不表示时间意义,但是客观世界的本质告诉我们时空是不可分割的,空间的表达里包含了时间,反过来也是如此,就如同"世界"这个词,世指时间,界指空间,过去、未来、现在为世。东、西、南、北、上、下为界,世界表达了人类所处的基本时空范畴,也是人类存在的本源,因此从这个逻辑出发,方位词"上""下"也有表示时间的意思,在时间隐喻中,事件本身或者说某种场景也可以表现为一种时间上的认知,事件或者场景分动态和静态的,每一件事件和场景以及参与者都会沿着时间轴向未来方向移动,因为时间的特点是一直往前走,只要事件有开始,时间就是动向源点,只要有事件结束,时间就有动向终点。方位词"上""下"组成的事件时间词法结构有:名词+上/下。

(3)教室的墙上有幅画。

(4)学校的操场上铺满了落叶。

(5)一只虫子在墙上爬着。

(6)河面上的水静静地流着。

(7)桌子下有只猫。

(8)他划着一只小船从桥下穿过。

例(3)和(7)是两个存现句,“教室的墙上”和“桌子下”构成空间处所,但可以充当时间事件,“有幅画”和“有只猫”如果不在事件或场景中,就只是我们头脑印象中浮现的客观物体,不在交际的范围之内,当“有幅画”放在“教室的墙上”和“桌子下有只猫”组成一个静态的场景时,就构成了我们对外在世界的一个认知过程,空间处所“教室的墙上”,“桌子下”包含了时间的意义在里面,因为时空是一体的,时空同构,以空间隐喻时间,空间的概念中包含有时间的意义。虽然这时候没有时间方位词,但当一个事件存在某个场景中时,它的动态的线性时间就表现出来了,过去、现在、未来的三个时间概念都存在“教室的墙上有幅画。”和“桌子下有只猫”这两个场景中,这时候时间的动向源头是从场景存在那一刻开始。例(5)和例(3)中“一只虫子爬着”“他划着一只小船穿过”是表现两种物体的运动,当这种运动不存在场景中时,它们只是抽象意义上的观念性的东西,不构成任何事实存在的基础。当“墙上”和“桥下”的空间处所包含有时间事件的背景出现时,动态的场景和事件就发生了,在这动态场景中包含内部和外部两种时间世界,时间的外部时间是场景外的客观存在的时间,内部时间区域是场景内从“虫子爬着”和“小船穿过”的动向时间事件,它们构成语言交际中时空的认知判断。在英语中,时间事件的静态场景跟汉语的心理认知是相同的,但在动态场景中,因为英语和汉语的语法特点不同,所以它们在某些时空表达方面会有所区别,汉语语言原则是按照时间顺序原则,可以把很多动词联系起来组成一个句子,表述某个动作场景,例(8)先是“划着”这个动作,然后是“穿过”,通过空间处所中的时间事件“桥下”,两个动作表示时间的间断性,和“桥下”的时间事件组成内部时间,整个动态场景在时空背景下如一幅画。英语是一个句子一个动词,其他的大多数用介词或别的词代替。例(8),用英语表达是:He rowed his small boat across the bridge. 句中只有一个动词“row”,介词词组“across the bridge” 包含着动作、时间、空间意义。在认知心理上,汉语是按动作顺序来描述线性时间,有时动作可以把部分时间再分成几个时间点,英语大多数是用介词来表示时空概念。第二语言学习者只有在了解英汉时空表述上的差异时,才能熟练地掌握日常的第二语言交际。

(三)方位词"上""下"认知语言学时间隐喻

人类语言的表现形式丰富多彩,在结构语法上有各种修辞的手法,比如拟人、比喻、夸张等。修辞手法可以让句子变得生动,有趣,丰富了人们的想象力,扩展了人们的思维,让人们之间的交际在理性中变得更加具有感性色彩。在认知语法上,范畴理论、意象图式、隐喻认知理论让人们从心理结构上去感知和体验外在的客观世界。各种不同的语义表达形式来自人类社会实践中对生活的体验,主体在对自我认识的同时对客体的不断地理解,概括,定义。社会的发展和进步也让语言的表达更丰富并且赋予更多的内涵。认知语言学就是在近代先进的前沿科学基础上发展起来的,比如信息科学,计算科学和心理学等学科。认知顾名思义就是人能动地对客观世界的认识,并且最后从认识中得到方法和真理,认知语言学在人与世界的互动中产生并发展。在认知语言学中,隐喻不仅仅是种修辞方法,它也是人们认知我们所处世界时创造的一种新的语言表达方法,在对世界感知,经验,概括现实中各类事体之间存在各种关系的同时,找出其相似之处,并且在其间建立联系。时间隐喻在汉,英语中的基本概念模式是:时间流逝是运动,方位词"上""下"在汉语词汇中运用空间纵向维度来隐喻时间,"上""下"空间符号所指是一条弧线上面和下面分别画一点,分别表示"上""下"。长,宽,高,构成的三维空间是我们世界的空间范畴,高就是"上""下"表示的纵向空间范围,高有时代表着事物的深度,就如同从悬崖峭壁上飞流而下的瀑布要比江河里的流水更动人心魄。空间深度在时间上的隐喻表明事件在时间的流逝中发生了质的变化,事物从具体的表象变成深刻的抽象概念。下面对空间意义"上""下"隐喻在时间现象中的句子进行分析。

(9)众人拿眼上上下下打量了他一番。

(10)路漫漫其修远兮,吾将上下而求索。(《离骚》屈原)

(11)李老师知识渊博,每次讲课特别精彩,他上知天文,下知地理。

(12)他正在气头上,别人的话听不进去。

(13)公司开会时,经理说,“下边你们该把自己的年度报表呈上来。”

(14)“姐妹们,大姑子大嫂们,”歌声唱完,主持人又回到主席台,对着话筒说,“下面进行第二个节目,由各界妇女代表讲用她们当女人的心得和体会,大家鼓掌欢迎。”(王朔《千万别把我当人》)

例(9)中“上上下下”是从头到脚的意思,众人对他从头到脚的空间范围的打量中隐喻出双方在时间上的心理过程。“上上下下”表示个体的空间图形,“众人”通过空间意象过程最后到“打量”者和“被打量”者之间同时的时间上的心理运动。有形的本体和无形的抽象的喻体之间有着某种程度的联系。例(10)这句诗的意思是:路还很长很远,我将努力去探索(直译)。路是横向延伸的,但是探索道路却是上下纵向空间方位。上下代表空间的深度,这里也隐喻时间上的长远,隐喻在追寻真理方面,前方的路还很漫长,但我将百折不挠,不遗余力地去追求和探索。隐喻是人类创造力和想象力的结果,丰富的想象力让人类在不同事物之间找到相似点,共同点,最后建立各种事物的联系,拓展我们的认识能力,同时语言也就不断得到发展。例(11)“上”是指天上、星空、宇昼,“下”指地球。天上地下是两个空间范畴,两个空间之间路途的遥远,隐喻时间的长久,因为“李老师”对天文地理的了解需要一段很长的时间的学习,所以这里空间的宽广和深远,也隐喻一段刻苦学习的时间经历。从前面的例子,我们可以看出,空间到时间的隐喻,是因为空间的运动映射出时间的流逝,两种运动:一个是具体的有形的,一个是无形的抽象的。隐喻原本就是从有形的,具体的,常见的概念来认知无形的,抽象的,罕见的概念,从而建立两个概念之间的联系,让我们对事物有更深刻的认识。例(12)“气头上”意思是发怒的时候,在一个时间点上,用人的情绪发作时刻来抽象地表达一个时间概念。例(13),(14)“下边”和“下面”本意是空间中位置较低的地方,句中隐喻在时间方面,表示预告之义,指某一时间以后将做什么或发生什么,明示区域的延伸方向。在英语中,“上”对应的“up/on”,和“下”对应的“down”,它们也有在时间方面的不同隐喻。英语中 up 可以对应较早的时间,如 trace up to 表示追溯到较早的时间,on 喻指时间表示时间段,on Sunday、on Monday afternoon,有时 on 也可指时间点,如,on time (准时)。down 可以对应较晚的时间,the custom has been carried down for a long time. 这一种习俗已经流传很久了。Down 也可指在整个的时间段里,如,She read the book down through the night. 她整个晚上都在读这本书。又比如,句子:Our life is up and down. 我们的人生充满起伏变动。"up and down"表示空间的上上下下, 映射在时间领域上表示时间的变动,人生的过程就是时间的经历。纵向空间概念隐喻成横向的,无限延展的,一维的时间线。

(四)方位词"上""下"的空间认知

空间既是无限的,也是有限的,说它无限是因为人类对世界的认识有限制,空间的有限在于让人类能够认识我们所处的世界。空间在《现代汉语词典》定义为:物质存在的一种客观形式,由长度、宽度、高度表现出来,是物质存在的广延性和伸张性的表现。语言中有专门表示空间概念的方位词,本文对汉语的方位词"上""下"和相对应的英语方位词"on""down"的空间认知进行比较,通过不同语言的比较来更进一步了解方位词"上""下"的认知特点,主要是从认知语言学的意象图式和语义延伸机制以及隐喻进行分析。

方位词"上""下"从空间图式到隐喻形成的抽象概念,是一种从视觉感观到知觉理性的产生新词义的头脑加工过程,是从感性的具体的经验到理性的抽象的一种飞跃性的认识经历。意象图式就是通过图像让人们更清楚事物的所要表现的定义,主要包括:空间、容器、力量、运动、整体等,人们凭借想象力通过它们对事物进行认知。各种意象图式由不同的射体,界标以及所经过的路径组成,这三者显示空间轴中物体相对的位置,形状、尺寸、维度、作用等信息。方位词上/下,on/down 的意象图式可以用覆盖关系,接触关系、方位关系、路径关系来解释它们所表达的多义现象以及所延伸的数量,状态、时间、社会等级等方面的隐喻化认知。

物体在界标上方或下方只是空间意象图式,分为物体(射体)相对于界标的上下方运动,覆盖关系、路径终点。

(15)汽球在屋顶上方飞。/几只鸭子在桥下戏水。

(16)城市上面空乌云密布。/蔚蓝的天空下面飘着云彩。

(17)汤姆住在山上。/汤姆住在山脚下。

例(15)汽球和鸭子分别以房子和桥为界面在上或下方运动,它们的运动关系是物体不接触界面。例(16)上方或下方的云朵局部覆盖住界面,例(17)是描写的一段路程,三个意象图式不是一成不变的,它们在运动中会不断的转移图式,物体可以从上方的垂直运动变成覆盖,或者是路径终点,图式之间的转换可以产生词的大量多义现象,如,从开始的运动"屋顶上方飞/桥下戏水"到覆盖"城市上面/天空下面"再到"住在山上/山脚下",意象图式的转变延伸了词的多种意义,表现空间概念的方位词随着空间局域的变化,它的词义在本义的基础上拓展了更多新的定义。而对于第二语言教学者可以画直观图,让学生从图形中一目了然地理解方位词上/下的意义,因为有时直观的图形比语言的表达更简单明了。但是"上""下"通过空间的具体图形影射到抽象的概念,只能运用不同的隐喻去获得它们非中心的,抽象的意义,一般空间隐喻映射到数量,等级,状态等非空间领域,隐喻扩展了方位词"上""下"的意义,在数量上面,如,从温度的上升和下降到股票的上涨和下跌,都说明了"上""下"延伸的数量意义,在等级方面,跟本文以上论述的它们的文化内涵有相似性。空间隐喻表现在状态上,一般指人的情绪状态,工作状态,物品的质量状态,如人高兴时用喜上眉梢,情绪低落时是下垂着脸,工作的时候是上班,失业的时候说下岗,产品质量优良的时候是上等,上品,质量劣质和不好称为下等,下品。在英语中,方位词"on"的原型意义是:touching or being supported by a surface. "在…上"(简单接触)它 的意象图式跟汉语方位词"上"不同,是物体直接接触界面或者说事物与参照物是接角虫,附着,如,a Book on the table、a picture on the wall、a butterfly on the water、hat on head. 它的图式延伸为"部分接触",进而有"稳定的部分—整体的关系",类似于所属关系,如,windows on the house、legs on the body、flower on a tree. 方位词 "down" 的定义是:being or moving lower in position, below the top or surface,"在…下面"。英语中"down"的意思跟汉语方位词"下"基本相同。如,down the hill、down the rock face. 它的意象图式 在垂直的下基础上可以引申呈抛物线状的,如,they were running down the hill. "down"还可以表示从"路径"到"路径终点"之间的自然转移。如,we are going down a mountain. / we walked down the road. 方位词 "on" 和 "down" 它们的空间隐喻与汉语"上""下"所影射的非空间和抽象概念是一样的,在数量上,如,inflation will up/down to three percent.

例子中,通过空间隐喻生动形象地表达了数量概念。等级方面的映射,在人类历史的长河中,英语国家人与人之间严格的社会等级关系同样影响着语言的表达,如,the upper class/ the rich should not look down on the poor. 上下级关系,地位权势高低,社会中人的尊卑现象存在大多数文化里面。用空间的上下位置关系影射出抽象的复杂的社会等级关系,人类丰富的想象力和创造力给语言注入了活力和生机,同时也扩充了语言的词汇量和表达手段。空间隐喻在英语中的状态方面跟方位词“上”“下”一样表现在人的情绪状态,工作状态、质量状态。如,cheer sb up/ Don't let me down. 工作和质量的理想状态用 up 表示,不理想状态是 down。在第二语言习得中,英汉语空间隐喻的相似性能让我们更快地互相理解各自的文化,在语言的交流上也能很容易地进行沟通。从语言教学的角度来讲,从意象图式到隐喻的过程可以让学习者更快地掌握语言的词汇概念以及它们的延伸意义。

汉英方位词空间上的认知差异还表现在两个民族的生活经验的不同,而产生出不一样的心理认知,自古以来,中国就是个农耕社会,农业社会的生活和劳动习惯所产生出的社会文化观念,与说英语国家也就是欧洲放羊民族有很大的不同,通过方位词“上”和英语“on”可以比较它们在空间认知上的差别,汉语习惯是先关注背景然后是目标,如,墙上有一幅画。已知信息“墙上”也就是大背景首先出现,然后才是“一幅画”,就如同农民种地,先观察农田里的大片庄稼,然后才是一小部分或单个的庄稼。说英语的国家则相反,他们先是关注目标,然后才是大背景,大方向,如 there are a picture on the wall. 首先映入他们头脑的被告知的信息是“a picture”,空间背景“on the wall”在最后的语篇场景中出来,放羊民族的社会劳动实践让他们首先关注的是大草原中的单个的个体羊群,而不像农耕社会的中国人,中国人的空间认知感让他们更多注意的是大片庄稼。这是社会中客观物质实践的不同引起的文化差异。

五、结语

(一)本课题的结论

第二语言习得文化教学是个很宽泛的研究课题,就如同中国的文化博大精深,源远流长。以我的能力,我难以驾驭文化大方向的研究,但有人说,一滴水里拥 有一片海洋,一沙一世界、一花一天堂。所以我选择以方位词“上”“下”为例, 通过对它们本源意义的分析,延伸到社会文化的理解,因为人类的社会实践活动扩展了更多新的词义,然后到语言认知方面的探讨,对英汉两种语言的时空认知对比,认识到人类的认知结构没有差异,因此认知语言给第二语言学习者提供更多的方便,最后论证出语言的本质是离不开文化的土壤。两者的关系就如同方位词“上”“下”所表现出的时空关系,时间和空间虽然是不同的概念,但它们的本质是不可分割的。第二语言习得中,对语言的教学方法,教学内容、教学规律等问题的研究都是为了让学习者能够熟练地掌握第二语言。本课题呈现的一点研究方向,关于语言和文化关系的论述,是在前辈们创造出来的丰富的劳动成果的基础上完成的。所以课题的内容表现更多的是肤浅和生涩。

(二)研究的不足

语言虽然是人类特有的符号系统,但语言不仅吸收外在的各个学科的知识营养,比如心理学,教育学等,使它的理论和实践系统变得更加丰富和具有科学性,而且语言本身的内容和形式也会让学习者和教学者感叹语言的复杂性,变化性,多样性,甚至有时会表现出随意性。通过对第二语言教学的系统学习,更加感觉到语言就像没有尽头的宇宙,越深入进去,越感觉到自己的浅薄。对宇宙的定义,古人认为是:宇就是无限的时间,宙就是无限的空间。就如同我的课题对方位词“上”“下”的研究,对时间和空间的认知永远没有穷尽。因为我本身在语言学方面的知识和能力的欠缺,所以对“上”“下”在文化和语言关系方面的研究涉入略浅,对“上”“下”本身词义的来源和变化也没有深入进去挖掘,“上”“下”与中国文化的关系大多数是借鉴前辈们的研究成果,在认知结构方面,因为对抽象的认知概念的理解不是很深刻,所以只是简单地略谈了方位词“上”“下”的时空认知分析,以及与英语方位词某些方面的时空认知对比。

第四章　二语习得与外语教学研究

第一节　二语习得理论与外语课堂教学

一、外语教学观念讨论

语言教学理论与实践一直依赖相关学科的理论发展和发现，如心理学、语言学。有人甚至指出，语言教学史上出现的所谓新潮流往往是由于错误地应用了这些相关领域的发现，由于教学自身缺少独立的理论基础造成的。例如，20 世纪五六十年代在语言教学界占统治地位的相关学科理论就是语言学领域的结构主义和心理学上的行为主义。二语习得研究自 20 世纪 70 年代开始兴盛，50 多年的发展已经使其成为一门不可小觑的独立学科，研究内容涉及语言学习者的内在特征（如中介语发展规律、动机、情感因素等）、语言学习者的外在表现（如语言输出、交际策略、学习策略等）以及语言学习环境（如语言输入、纠错、应对等外在因素）。二语习得研究似乎对语言教学有着极为重要的指导意义。

从表面上看，关于语言学习外部因素的研究似乎与教学有着更密切的关系。而实际上，成功学习第二语言的相关因素不只是外因，而是起决定作用的内因，外因只有通过内因才能起作用。直觉经验告诉我们，如果学生不想学，无论教师用什么样的方法教也不会起作用；反过来说，任何教学方法在盛行的时期都有非常成功的学习者。本节针对似乎与教学有关系的二语习得研究成果在课堂教学中的应用问题进行探讨，旨在说明课堂环境下应用这些研究成果时必须谨慎处理，不能生搬硬套。

二、二语习得理论在课堂教学中的应用

(一)第二语言习得研究结论与课堂教学

第二语言习得研究者曾结合课堂教学做过一些实证研究,例如对比浸入式学习者(通过学习课程内容来学习第二语言的学生)和语言课学生(通过语言形式讲解学习第二语言的学生)的学习效果。涉及课堂教学的变量太多、太复杂,很难策划实施。但是,这类研究成果与描写性研究、假说验证研究相比,更贴近语言课堂,似乎更有应用前景。关于对课堂教学有参考价值的发现,进行分析和说明如下。

(1)成人与少年均能习得第二语言,更不用说儿童(所谓"习得"指的是将语言规则内化)。少年与成人相比略占优势,少年时期似乎是学习二语的敏感期。这对不同年龄开始学习第二门语言者无疑是一种鼓舞。

(2)熟练不一定能生巧。学生经常会忘记反复练习过、以为已经掌握的形式和结构。学习新的语言形式不是简单的形式添加过程,新形式有可能导致整个中介语系统的重构。

(3)知道(显性知识)不一定等于会用(潜意识地运用知识),会用也不一定等于知道。学生有时明明知道某项规则却无法在交际活动中加以利用。反过来,交际活动中能用上的语法规则,学生不一定能描述出来。掌握一门新的语言显然涉及学得与习得、隐性知识与显性知识、自动性知识与控制性知识、交际系统与认知系统、与语言有关的认知结构以及问题解决型认知结构。容易引起较大争议的是这些二分式知识系统的组合方式及相互作用的方式。

(4)孤立的纠错往往无益于改变语言行为。首先,差错的出现通常不是孤立的,而是语言系统的一部分。消除差错等于重构系统。其次,有些差错属于发展性差错,是中介语发展中不可避免的现象,反映学习者在重新构造中介语系统。最后,纠错行为靠不住,一是课堂上无法给每一个学生纠正每一个错误,二是纠错者也不一定清楚地知道学习者犯错的真正原因。

(5)每天学习1小时二语是无法达到本族语者的语言水平的。据保守估计,最成功的母语习得者到6岁时至少花费了12 000~15 000小时用于习得母语。

(6)迄今为止,语言学家的分析、教师的课堂解释、教材的展示均无法充分揭示复杂的语言系统,不完整的知识传授是无法造就知识系统完备的学生的。因此,学生的学习任务极为艰巨,知识的完备主要靠学习者自己。

(7)语言习得遵循一定的结构序列,即某些结构的习得早于其他结构。教学不一定能改变结构的习得顺序,即使知道学生先习得什么结构也不能说明应该先教什么结构。有人认为五大因素(感知显著度、语义复杂度、形态—音系规律、句法类别、频率)的综合作用造成了语素习得顺序,但至今也没有人提出便于课堂教学应用、可操作性强的习得顺序。二语学习本质上是一个内在的自我调节过程,且因人而异,教师和教学大纲均无法制约学习过程。

显然,我们无法期待二语习得研究告诉我们应该有什么样的教学内容,或告诉我们如何实施课堂教学,但是我们也许可以从中看出什么样的教学可能不妥当,例如过多的课堂纠错不但没有教学效果反而增强了学生的学习焦虑。

课堂教学也没有必要坐等二语习得研究新成果的出现。源于20世纪60年代英国语言教学革命的交际教学法在尚无可靠二语习得研究成果的情况下根据语篇分析、交际能力观、教学经验等得到发展,被称为目前教学方法中最有效的一种。不少学者意识到,二语习得研究成果在课堂教学中的应用一直受到多方制约,如研究多涉及有限的语言方面、对认知过程了解甚少、学习策略的研究数据不足、对个体变量的作用了解甚少、对社会环境变量的作用了解不够、研究方法的开发不够、验证性重复研究有限等。

(二)语言的可教性问题

虽然二语习得不直接研究教学法问题,但是二语习得研究者试图直接或间接地揭示语言学习的本质。无论采用什么样的教学方法,走进课堂的教师都无法回避“语言是否可教”“什么内容可教”“什么时候可以教什么”之类的问题。当然,实施语言教学的悠久历史本身就暗示着语言是可以通过教学传授的。

有的二语习得者可以在目的语国家生活或工作,经过一段时间的学习与研究后,他们(尤其是少年儿童时期开始接触二语者)能自然而然地掌握一门新语言。对于大多数二语学习者(尤其是成人学习者)来说,课堂几乎是语言学习的唯一来源。是不是教师传授什么,学生就学会什么呢?如果教什么学生就学会什么,语言教学就不会有如此多困惑教师和研究者的问题了。如果教授的内容学生不一定能学会,那么制约学生掌握教学内容的因素是什么?这些都是值得我们探索的重要问题。

有人认为直接传授语言知识对学习者的内在大纲没有什么影响,甚至有人认为语言可学而不可教。当然,不是所有从事二语习得研究的学者都同意这样的观点,否认教学有助于学生习得第二语言不但不符合人们的直觉,而且有悖于广大教师和学生的个人经验。关于语言是否可以直接传授的观点称为可教性假说,但该假说既不暗示教学没有任何效果,也不表示教学直接产生效果,更无解决教学方法的灵丹妙药。语言结构是否可教,取决于学习者是否恰好处于能学会该结构的状态。

讨论语言是否可教的关键是我们对教学的理解,下面归纳出四种对教学的理解。

(1)如果把“教”严格限制在通过讲解语言材料、有意识传授知识和技能上,就可能发现不少形式或规则不容易变成显性知识来教。能明确讲解的抽象规则更是有限,甚至可以说,被语言学家和教师准确分析的语言规则极少。这种“教”注重显性知识的传授过程。

(2)如果把“教”界定为创造有利于语言学习的条件、帮助学生掌握知识和技能(教师不一定在教学结束后立刻考查学生的学习效果),那么语言可不可教的问题就不那么突出。教师总是寄希望于在潜移默化中提高学生的语言运用能力。这种“教”注重隐性知识的传授过程和条件。

(3)多数情况下,人们对教学的理解是综合的授课与学习,教学通常包括教师讲解显性语言知识(显性方式)、引导学生发现规则(隐性或显性方式)、组织学生进行仅注重意义的交际活动(隐性方式)、要求学生背记语句或课文(隐性方式)、要求学生讲出自己所理解的规则(显性方式)、要求学生进行规则操练(隐性或显性方式),等等。一堂课包含学习隐性知识的引导活动和学习显性知识的分析活动。这样的课堂教学很难做出不同类型教学活动的效果评估。

(4)如果把"教"理解为"教会",即指学生掌握了传授的知识或技能才算教会,那么课堂教学中确实存在不少学生没有掌握教学内容的现象。这是一种注重结果的"教"。

当然,人们对教学的理解不一定简单地按此分成几类,很有可能将其中两种理解综合起来。

(三)课堂交际任务的实施

关于可教性假说的研究结果表明,学生不是教什么内容就学会什么内容。况且,课堂上什么时候该教什么内容,谁也弄不清楚。迄今为止,二语习得和语言教学研究还没有得出任何可信的内在教学大纲(Built-in Syllabus),也没有一个可以推广操作的自然习得顺序或语言发展路径。但不少人认为,积极参加课堂交际活动从几个方面有助于学生发展第二语言:增加课堂上的语言运用时间、减少单纯听他人说话的时间、避免有害的焦虑感和拘束感、增加教师个别指导的时间、创造积极宽松的学习环境。

Krashen 的输入假说不认为语言运用能导致语言习得,把输出仅当成习得之果。Swain 反对这样的观点,认为二语习得仅有可理解输入是不够的,还必须有可理解输出。Nobuyoshi 和 Ellis 采用注意式交际任务(Focused Communication Tasks)进行教学实验,发现突出某一语言特点、引起学生注意语言形式的交际活动在教师的引导下促使学生运用更准确的语言,促进二语习得,从而证明了可理解输出假说,即输出有助于习得。我们认为,严格地讲,可理解输出不会直接导致中介语的变化,但它能间接地促进二语习得:

1)检查尚不完整的中介语知识结构,使学习者寻求有益于弥补中介语缺口的输入;

2)盘活已经掌握的中介语知识,确认其正确性;

3)发现存在问题的规则并对其进行修正;

4)增加运用语言的胆量和经验,进一步获得可理解输入。

Foster 及 Nobuyoshi 和 Ellis 引用的例子很能说明课堂交际的作用,如:

1)A:Yeah, how long…will you be? Will you be staying?

（启动交际且自我修正输出）

B:I will be four months.（使用中介语进行回应）

A:Four months?（核实信息）

B:Until April stay four months here.（补充解释）

2) C:You know heating?（启发式提问）

D:So it is a heat exchanger.（替换式表达）

C:Radiator.（提供准确表达式）

3) 学生:Last weekend,a man painting,painting 'Beware of the dog'.（时态错误）

教师:Sorry?（教师表示没有听明白,要求重说）

学生:A man painted,painted,painted on the wall 'Beware of the dog'.（自我纠正输出）

4) 学生:He pass his house.（中介语时态错误）

教师:Uh?（表示疑惑）

学生:He passed, he passed, ah, his house.（自我纠正输出）

课堂交际中,学生通过调整表达式将自己的输出变成便于理解的语言(如例1),或将对方表达不准确的部分予以纠正(如例2),或听话者表示疑惑,要求澄清(如例3和例4)。可见,课堂交际中学生不仅在传递信息而且能获得必要的语言输入,更新、弥补中介语知识系统。

Foster的研究发现,二人小组的课堂活动(尤其是双人讨论疑问句这种语法结构)比多人小组更利于促使学生交谈。但是课堂交际活动中,总体上许多学生并不愿意开口交谈,原因有二:

1)一旦出现交际困难就试图解决,降低了交际任务的实施速度,令人产生沮丧的感觉;

2)向对方表明自己没有听懂意思,往往使自己显得能力低下。

Foster建议学生采取以下行之有效的交际策略:遇到理解困难时暂且假装已经理解,等待以后进一步澄清疑惑。这样的处理能给交际双方带来愉快的感觉。

Green et al.则发现,四人小组最适于进行流畅的交际,而且交际的成功主要在于会话参与者对话语过程所做的努力;同一小组中性格内向者深感外向者的压力,容易丧失信心,有信心者则感觉不到进步,易产生厌倦感。

无论是二人小组还是四人小组,要使讨论取得效果,同一小组的成员最好是语言能力和性格类型接近的学生,交际任务最好能引起学生对某些语言形式的注意。反之,语言水平相差太远的小组成员中,高水平者受益过小,容易失去交际兴趣;低水平者虽然受益,但也可能跟不上高水平学生的交际速度,同样也会失去兴趣,乃至信心。

我们必须小心对待课堂环境下的二语习得研究结果,不能机械应用二语习得理论和所谓的“结论”。以语法教学为例,虽然讨论语法问题能促使学生学习这些语法形式,但是这样的交谈不同于自然交际活动。自然交际活动设计难、实施难,学生的语言表现很难做到与二语习得实验研究中一样。(课堂)二语习得研究没有体现师生的现实世界,某些观点只有学术价值而无应用价值。我们在课堂教学中应用二语习得研究成果时应多加小心,不可人云亦云。经反复论证具有普遍意义的,不妨用来指导教学;探索性的结论则只宜小范围试用,以免造成教学质量下滑。

三、二语教学决策

二语习得研究仍然是教学建议的源泉,而这些建议又须通过行动研究得以证实。教师是调查二语习得研究所提出的建议与其教学的相关性的积极媒介。二语习得研究有助于了解教师确定教学决策。这些决策包括三点。

1. 制订教学计划

对语言输入性质、学习者的学习过程以及课堂上语言习得规律的理解与制定教学计划的指导思想有直接关系。如果认为语言教学应以学习者为中心,教学计划将与传统做法大相径庭。定位的改变对整个教学过程有着重大的、实质性的意义。这既涉及大纲设计、教材选择、课程设置等重大决定,也关系到具体的课堂活动和作业等微观技巧。大纲的制订在目的与要求上都要符合语言习得的规律。

2. 选择教材

二语习得研究建议,教学内容应选择“真实语言材料”。真实的语言材料定义为“渠道广泛、不以教学为目的的、多样化的语言材料,如真实交际录音、电视片断、新闻广播、告示牌、图表、照片及图片、时刻表等”。如真实的听力材料可包含背景音乐、快语速或有意识放慢语速的话语,或是某一特定题材或体裁的话语或文化内容等。

3. 明确教师作用、责任及教学态度

二语习得研究认为,不能将教师只看作是专业知识的源泉和导师,教师的作用不仅是管理学生和评判他们的学习,教师还应该是学生学习的辅助者,课堂活动的协商者、参与者、合作者及心理支持。教师通过鼓励学习者在学习过程中采用必要的学习策略而达到加速学习进程的作用。

二语习得将语言学习看作是创造性建设过程,同时将错误看作此过程中不可避免的、积极的部分。二语习得研究对某些错误进行了分类、定性,这对教师决定错误的性质、类型、对策以及对学习者所采取的态度提出了新的要求。然而,二语习得研究对学习者语言和所谓的“自然顺序”的研究尚无定论,语言教师很难确定学习者的“中介语”属于何种阶段,何种错误应予纠正,纠正的方法及时间如何等。对于课堂上纠正错误的方法,众说纷纭。一些研究结果也证明,纠正错误有助于成年学习者的语言学习。教师的主要责任为制订计划、管理互动活动、监测学习、讲解及给予学习反馈。一个好教师应该懂得指导学习者学习的作用和责任。学习者也应参与整个课程内容设计,选择学习过程,设计语言学习活动并在很大程度上对自己学习成功与否负责。

二语习得研究与语言教学既有直接的又有间接的关系。二语习得研究的某些课题能直接启发语言教学,诸如输入理论、吸收理论、课堂互动及错误的作用等研究。另一些研究则与教学的关系是间接的,然而却具有潜在影响力,诸如“自然顺序假设”等。二语习得研究对语言教学的影响覆盖面甚广,包括从课程设计到具体的课堂微观技巧等各级各类的决策。教师应在教学中引入二语习得研究的新概念,通过了解语言学习的原理,理解学习者,在课堂教学中以学习者为中心,以交际为目的,使用真实语言材料,运用各种学习策略鼓励课堂互动,努力创新教学法,使语言学习过程更为轻松。此外,二语习得研究与语言教学实践是相辅相成的。二语习得研究为语言教学提供原则和理论,并由此产生教学改进建议;同时语言教学为二语习得研究提供实践园地,进行行动研究并提供实证,从而得出更为科学的二语习得研究结果。

（一）学习者

要重视学习者的学习动机和培养学习者自主学习的能力。现在,二语和外语教学领域发展出了一系列心理和社会因素的动机分析。在学习的质疑精神方面,批判实践也蓬勃发展起来了。以学生为主体,鼓励学生多思考外在生活、自己的偏见以及自己在社会历史中的位置,提出了诸如"我们是否给边缘化的学生提供了与主流接触的途径,帮助他们发出自己的声音以捍卫他们的权力"等问题。现在的语言习得和教学研究者还更加重视学习者身份的多元化,更加考虑社会因素,如性别、民族等,用更具针对性的方法对待不同的学习者以适应他们的学习需求。

（二）教学内容

教学内容着重强调"以内容为中心的培训"和"任务型课堂活动"。后来要求在课堂教学中加入心理和社会现实方面内容的呼声也越来越高。将各项技能综合在一起的语言教学在很多情况下占据了主流。学者们更加强调需求分析的重要性,教学内容应多与社会背景结合起来,和平、环境、动物保护、种族、性别等热点问题成为受欢迎的教学内容。但是这些内容不应该仅作为讨论的话题进入课堂,与它们配套的教学方法也应随之改变。现在,课程设计通过让学生完成一个个任务将语言和技能联系起来,但我们却不能只是为完成任务而完成任务,而应该以那些在社会生活中的真实场景为基础,把任务与课堂环境巧妙地结合起来。此外,随着英语的全球化,很多学者也支持将各种英语变体加入教学内容之中。

（三）教学方法

主流教学方法已经从重视学生的语言输出转变成将学生视为合作伙伴、重交流、重合作、以学生为中心的交际法(Communicative Language Teaching,CLT)。后来,交际法又逐渐被任务法(Task-based Language Teaching, TBLT)所取代,并且逐渐出现“再谈方法已经过时”的趋势。很多学者提出,我们已经进入“后方法时代”,关键不在于采用或设计何种方法,而是如何适应不同的需求产生最满意的学习效果。最激进的提法是“一切方法都很有趣,不存在最好的方法” 。许多研究者都构建了 “后方法”的具体框架,较为突出的是“三维框架”“探索实践框架”“宏观策略框架”“宏观策略” ,粗线条地把握大体方向,留给教师更大的创造空间,设计出符合当地需求、满足各层次需要的微观课堂。宏观方面的标准包括:使学习机会最大化,促进协商交流,使教师意图和学生理解之间的认识错配最小化,激活直觉启发式教学,培养语言敏感度,把语言知识放在语篇中传授,综合各项语言技能,提高学习者自主性,增强文化意识。

以上是二语和外语教学领域在过去的研究领域中提出的新观点。然而随着新的社会现象的出现,学者们又迎来了新的挑战,开辟了新的研究路径。

四、外语课堂教学环境

有语言学家认为,在语言学习的所有方面,也许除了发音外,成年人都胜过儿童。也就是说,如果儿童和成人都具有最佳的学习环境,成人掌握一定的语法和词汇所花的时间要比儿童少。可见,学习环境对成人的外语学习是十分重要的。

然而,传统的外语课堂教学过分强调了教师“讲授”的作用,把外语学习看成是一种“知识”的获取,而不是一种技能的习得。在这种外语教学课堂中,教师讲得多,学生练得少。学生学了几年外语之后,虽然对外语知识掌握得不少,却始终无法用外语进行有效的交际,尤其是口头方面的交际。实践证明,这种重语言知识传授、轻语言交际训练的课堂教学环境是十分不利于培养学生的外语运用能力的。正如 Ellis 所说:“没能给学习者提供自然交际机会的教学活动,将会使学习者失去学习语言材料的主要来源,进而阻止习得的进行。”

根据第二语言习得的理论,理想的外语课堂教学应能向学生提供这样一个外语学习环境:它能使学生获得更多的直接使用外语的场所和机会,让学生沉浸在使用外语的环境之中,进行有意义的交际,并能激励学生参与解决问题和完成任务的交际活动。具体来说，这种有利于学生习得语言的外语课堂教学环境应具有以下几个特点。

(1)创造尽可能自然、真实的语言环境。真实、自然的环境有助于使学生的注意力从语言形式上转移到信息的沟通上。对于学生所犯的语言错误，只要不影响正常交际的进行，教师应采取宽容的态度，不必每错必纠，这样有利于减轻学生运用外语时怕犯错的心理压力，增强他们的自信心，以提高学生语言习得的成功率。

(2)课堂教学的组织要使学生能直接参加交际。我们知道，语言习得依赖大量的可理解性语言输入。而大量的可理解性语言输入的获得，不仅需要习得者广泛地接触语言材料，而且还要直接参与交际，使接触到的语言材料通过说明、证实、修正、重新组织等交际手段变成可理解性的语言材料。

(3)减轻情感因素的影响。语言习得必须满足两个条件：一是提供可理解性语言输入，二是减弱学习者的情感过滤机制。输入提供了习得的必要条件，但学习者能否掌握输入的内容在很大程度上取决于其情感因素。在作用于语言学习的诸多因素中，兴趣是影响输入的主要因素之一。如果学生对所输入的内容根本不感兴趣，语言输入就被拒之门外了。因此教师应从看得见、摸得着的内容入手，根据教学内容把课堂变成较为具体的交际场所，让学生直接地参与到交际中来。这种具体的、学生比较熟悉的内容，往往会使他们产生较大的兴趣并能激发他们参与交际活动的积极性，从而能降低学生的情感过滤程度，使语言习得更加有效。

(4)教师以组织者和参与者的身份参与课堂交际活动，而不是以知识的化身、教学的主体出现在课堂中。教师的主要任务是挑选出具有知识性、趣味性和真实性的教学材料来组织学生进行课堂交际活动，并在学生遇到表达和理解困难时，及时给予引导和帮助，以便使交际活动能顺利地进行下去。同时，教师还应该设法缩小师生之间的距离，积极参与课堂交际活动，与学生打成一片。这样才有利于给学生提供一个轻松愉快的语言习得环境。

(5)课堂教学形式要做到多样化，力求动静结合，口、耳、笔结合，讲授、操练、测验结合，以拓宽语言输入的方式和渠道。

课堂是学习外语的主要场所和途径，而我国的课堂教学却依然十分缺乏自然的交际环境。以教师为中心的课堂教学以对语言知识、结构和用法的讲解为主,学生往往因不能在其中获得习得的机会而使语言能力的形成受到影响。我国学生中普遍存在的语言能力与语言知识严重脱节的现象应该引起各位外语教师的高度重视,并为此做出更大的努力。只有在课堂教学中为学生提供足够的可理解性语言输入,并创造出学生能在其中习得外语,并能发展语言能力的语言环境,语言能力的形成才成为可能。

五、外语教学新的关注点

(一)世界英语

随着全球化进程的加速,英语成为世界语言的脚步已越来越快。20 世纪 80 年代,提出世界英语的概念,在提及此概念时甚至采用了复数形式(World Englishes,WEs)。WEs 广义上指世界范围内的英语变体和描述分析这些变体的各种方法,狭义上则指在亚非拉等地区运用的所谓的新英语,更多的情况下指的是后者。如今,以英语为第二语言或外语的人数已大大超过了以英语为母语的人。近些年研究这些英语变体的论文、专著和字典不断涌现,这些研究甚至对中介语——二语习得领域的核心概念提出了质疑。一些学者认为,中介语这一概念成立的前提条件是,英语学习者以学到与英美人相同的语言为目的,而实际上这是语言帝国主义者的一厢情愿。认为整个国家或区域所用的英语变体都不标准,视这种变体为石化的产物,这种看法本身就是缺乏二语学习经验的人的偏见。要求世界各地的人都操一口标准的伦敦腔或纽约腔不仅是不可行的,也是不符合地理、政治环境条件,不尊重文化平等的。许多研究者已经开始从世界英语的角度研究二语习得、语音、语用等。但要真正消除人们对英语变体的歧视,当务之急便是推出一套针对各种英语变体的测试系统,而不是像现在一样以英国英语和美国英语为标准答案。

(二)机助语言学习

数字技术为世界带来了新的交流手段。语言促进了无障碍交流,畅通的交流也为语言注入了许多新的词汇,改变了语法规则,影响了习得过程。但机助语言学习(Computer-assisted Language Learning, CALL),预设了计算机只是语言运用的外在工具而非内在的有机部分,而这种观点显然已经过时。

但是,在将CALL纳入何种框架的问题上,学术界也产生了争论。为了弥补这一提法无法解决社会文化问题的缺陷,一些研究者在交流法基础上引入了社会文化的含义。系统功能语言学家则认为,以计算机为媒介的交流不停变换内容和形式,因此从系统功能角度来分析更为合适。此外,人类学家和人种学家也都发表了他们各自的见解。

理论方面的问题尚未解决,计算机能否提高人们的语言学习水平又遭到质疑。CALL的复杂性决定了我们不能武断地回答是或否,而应该具体到"什么样的人使用计算机学习语言？如何使用？这种方法与传统学习方法有何不同?"等研究上。

伴随着这些新的学术问题,有一股力量日渐强大,这就是社会文化方面的观点。以下简要介绍这方面观点的发展。

(三)文化观点的发展

近年来,认知学角度的研究仍然主导着二语习得研究领域。SLA的未来仍是属于认知领域的。但是无法否认,社会文化角度的研究越来越多了。真实世界中的语言运用被视为基础,而并非像以前那样被认为位于学习之后。研究者不再把语言看作是单纯的输入,而是看作参加社会活动的源泉,参加活动本身既是学习的过程,又是学习的结果。

从人类学发展过来的语言社会化则将注意力转移到语言学习者在社会和文化方面成长为合格一员的过程。语言社会化研究调查了实际场景中语言学习和文化学习互相联系的过程和互相作用的路径。到20世纪90年代中期,语言社会化研究的成果已经被运用到成人二语学习过程中。无论是在家里、教室中,还是在公司或其他场合,学习者沉浸于真实的语言环境之中,逐步在语言、文化、社会和政治层面都成为合格的参与者。在这些场景中运用的语言形式和它们所承载的社会意义影响了学习者如何理解和使用语言。

正如上文所提及的,二语习得领域中认知学角度的研究仍然占据了主导地位。在社会文化角度的研究开始之时,学术界不可避免地产生了一系列争论。

六、小结

二语习得研究发展至今已取得了巨大成就，但我国的外语教学现状仍令人担忧。在我国，一个学生到大学毕业所花的外语学习时间长达10~12年，并有不断延长的趋势。不少地区已把外语学习时间提前到小学一年级。当然，单从结果看我国的外语教学的确取得了不少成就，但它与我们所付出的代价——大量的财力、物力、人力极不相称。欧洲许多国家的外语教学时间大大少于我国，但他们的交际能力是我们远不能及的。这除了他们教授的外语与母语比较接近外，更主要的是他们的教学方法、教材编写、教学目的更符合二语习得规律。我国绝大多数外语教师仍采用以语法教学为主要内容、以教师讲解为课堂中心、以获取语言知识为学习目的的传统教学方法。尤其是我国众多的高校外语教师仍对国外二语习得研究的成果不屑一顾。鉴于我国目前的外语教学状况，我们应该认真地思考我们的教学方法、教学手段、教学目的，思考我们的教学效率，思考如何吸收国外外语教学的先进经验，使我国的外语教学更符合二语习得规律、更科学、更有效。

第二节　外语教学方法

外语教学法是一门研究外语教学理论和教学实践、外语教学过程和教学规律的学科。长期以来，外语教学界最为重视的就是外语教学法，因为"在其他条件等同的情况下，不同的教学方法会导致完全不同的教学效果"。现代英语教学法是一个多元化、多维度、多层次的体系。现代英语教学法流派是指英语教学法的体系，是英语教学法的高层次概念。它是研究英语教学的指导思想、教学性质、教学原理、教学目的、教学内容、教学原则、教学过程、教学形式、师生关系、教学方式和方法、评价手段等内容而形成的一整套英语教学法的科学规律的体系。现代英语教学法流派多种多样，学派林立，理论各异。在过去的几十年中，中国的大学英语教学受到了许多教学法流派的影响。

一、语法翻译法

语法翻译法是最古老的外语教学法,是中世纪欧洲人传授希腊语、拉丁语等语言的教学法。到了 18 世纪,欧洲的学校虽然开设了现代外语课,但仍然沿用语法翻译法,当时语言学的研究对象基本上还是书面语,人们学习外语的目的主要是为了阅读外语资料和文献。当时语法翻译法的代表人物是奥伦多夫(H. G. Ollendoff)。古老的翻译法、语法和词汇翻译法都属于同一类方法。语法翻译法在1840—1940 年间大行其道,之后便被许多学者群起围攻。看来,当标的语只被用来执行其阅读功能时,语法翻译法确实有其一定的教学效果,但是当学习者对标的语的需求不仅限于阅读,更期待达到听无障、说无碍的境界时,语法翻译法这套“祖传秘方”就必然被打入冷宫,被时代潮流所淘汰了。语法翻译法是外语教学中历史最悠久、使用范围最广的方法之一,中国早期的大学英语教学也主要采用此方法。

我国 20 世纪 80 年代中期前的大学英语教材基本上以语法为纲。不过,自那时代起,由于交际法在我国大学英语教学中得到日益广泛的推广和运用,语法翻译法受到了众多的质疑和批评。但调查表明,语法翻译法在我国的外语教学中仍占主导地位。国内外语类核心期刊中有关此法的文章不多,但多数文章分析了此法的长处,罗立胜等人总结了语法翻译法对外语教学的重要作用。鉴于语法翻译法在外语教学中有许多优势及其在中国大学英语教学中广泛存在的事实,不少学者认为不可完全抛弃此方法,而应当对其进行适当的改进,以使其更能适应并促进中国的大学英语教学。温厚一、罗立胜、郝兴跃、张香存等都认为应把语法教学和交际法结合在一起,在交际中教语法,即将语言的意义与形式结合在一起,语言教学以交际为中心,但又不忽视语言形式的学习。

反思国内的英语教学,大多还是采取这种语法翻译教学法。一些大学的必修英文课继续沿用这样不为时代所需的语法、翻译法、教学法,讲台上传来教师对句型、词类变化和翻译的讲解声,台下则一片死寂,然后为提高听说能力的学生又再去社会上的语言学校上课练习会话。究其原因,实则应试英语。

二、直接法

直接法是19世纪下半叶始于西欧的外语教学改革运动的产物，是语法翻译法的对立面。德国外语教育家菲埃托是最早提出直接法这种教学法构想的先驱人物。直接法是指教师采取渐进式的问答法来引导学生开口说话。此外，教学的初期不依赖课本进度，而依照教师自己设计的教案搭配学生的学习状况。学生则必须专心地写、看、听，善用老师所示范的标的语以及其他相关背景信息，然后学习用标的语回答老师的问题。教师是标的语唯一的示范者，所以教学时一律不用学生的母语讲解，而必须使出十八般武艺，运用身体语言和辅助教具来传授语言知识，使学生能用极初级程度的标的语来了解新的标的物，并学会用口语表达。直接法在19世纪60年代兴起，至20世纪20年代逐渐没落。基本上来说，它在规模较小的语言学校推行得非常成功，因为当老师用标的语直接进行教学时，可以照顾到每个学生的反应与需要。

直接法比起古典语法翻译法是教学法史上的一大进步，成为以后的听说法、视听法、功能法等现代改革派的发端，但它是完全针对语法翻译法的弊端提出的，本身难免有它的局限性和片面性。例如，对母语在外语教学中的作用，该方法只看到消极的一面，而没有看到或充分估计到积极的一面；只看到和只强调幼儿学母语和已掌握了母语的人学习外语之间的共同规律，而对两者之间的差别未曾注意到或没有充分估计到。因此采用了基本相同的方法来解决两种有一定区别的语言学习问题，在教学中偏重经验、感性认识，而对人的自觉性估计不足，对文学的修养不够重视，对许多语言现象只知其然而不知其所以然。

三、视听说法

第二次世界大战期间，美国参战后需大量派军前往海外，为搜集情报，美军请驻地当地人提供重要情境所需的语言词汇与句型，请考古学者提供驻地的文化习俗，请语言学者协助设计编排教学对话及督导学习，指派学习动机强烈的人员接受密集训练。此为军中教学法，成效斐然。当时参与的语言学者大多是结构语言学派的重要人物,主张语言结构是语言学习的重点;也主张语言学习是习惯的形成,应不断地做句型练习;当时也盛行行为学派的学习理论,提倡学习须经由过度练习将刺激与反应紧密联结,形成正确习惯。听说法在20世纪60年代达到全盛时期,之后便开始衰退,因为教师发现学生在经过无数枯燥严肃的机械式练习后,并不能有效胜任课堂外实际的口语沟通。

听说法又称结构法或句型法。听说法把语言结构分析的研究成果运用到外语教学中,使教材的编写和教学过程的安排具有科学的依据。这对提高外语教学的效果、加速外语教学的进程无疑是非常重要的贡献和进步。但听说法过分重视机械性训练,忽视语言规则的指导作用;过分重视语言的结构形式,忽视语言的内容和意义,存在流于造作的语言倾向。

针对听说法脱离语境,孤立地练习句型,影响培养学生有效使用语言能力的问题,20世纪50年代在法国产生了视听说法。它吸取了直接法和听说法的许多优点:充分利用幻灯机、录音机、投影机、电影和录像等视听教具,让学生边看边听边说,身临其境地学习外语,把看到的情景和听到的声音自然地联系起来,强调通过情景操练句型,在教学中只允许使用目的语。因此,这种教学法又叫作情景法。视听结合的方法比单纯依靠听觉或视觉来理解、记忆和储存语言材料要好得多。视觉形象为学生提供形象思维的条件,促使学生自然和牢固地掌握外语。听觉形象有助于养成正确的语音、语调、节奏及遣词造句的能力和习惯,同时有利于使课堂变得生动活泼,使学生学习语言自然,表达准确。视听法的缺点是过于重视语言形式,忽视交际能力的培养,过分强调整体结构,忽视语言分析、讲解和训练,使学生对语言项目缺乏清楚的认识。

四、认知法

20世纪50年代末60年代初,Chomsky的转换生成语法理论在语言学领域占据了主导地位,同时,以Piaget等人为代表的认知学派取代了行为主义并在心理学领域占据了主导地位。认知法主要是受到了上述两种理论的影响而产生于20世纪60年代。认知法又称认知符号法,代表人物是J. B. Carrol和J. S. Bruner。认知法反对语言是结构模式的理论,反对在教学中进行反复的机械操作练习。它主张语言是受规则支配的创造性活动,语言的习惯是掌握规则,而不是形成习惯,提倡用演绎法讲授语法。在学习声音的同时学习文字,听、说、读、写四种语言技能从学习外语一开始就同时进行训练,允许使用本族语和翻译的手段。它认为语言错误在外语学习过程中是不可避免的副产物,主张系统地学习口述和适当地矫正错误。它强调理解在外语教学中的作用,主张在理解新学语言材料的基础上创造性地交际练习。在教学中广泛利用视听教具使外语教学情景化和交际化。

认知法在某种程度上克服了传统的语法翻译法、听说法等方法的片面性、机械性,克服了以教师为中心的教学方法的种种弊端,使外语教学方法更加科学。不过,此法对大学英语教学影响不大,国内英语界有关认知法的研究很少。聂清浦等人提倡在大学英语教学中运用认知法。而且,他们总结出了自己的教学模式,即“提问—讨论式”语篇教学模式。通过此模式,教师充分激活学生头脑中原有的相关知识,激发他们的兴趣,同时充分调动每个学生的积极性,使他们真正地成为教学活动的中心,从而全面提高学生听、说、读、写、译的能力。

认知法是以认识心理学作为其理论基础,使外语教学法建立在更加科学的基础上,但认知法作为一个新的独立外语教学法体系还是不够完善的,必须从理论上和实践上加以充实。在提倡认知法时切忌重犯语法翻译法的老毛病。

五、交际法

交际法也称功能法或意念法,是 20 世纪 70 年代根据语言学家 Hymes 和 Halliday 的理论发展形成的,是全世界影响较大的外语教学法流派。交际教学法认为语言是人们交际的工具,人们用语言表达意念和情态。人们由于职业不同,对语言的要求和需要也不同,教学内容也可以不同。交际教学法主张外语教学不要像语法翻译那样以语法为纲,也不要像视听法那样以结构为纲,而要以语言的表意功能为纲,针对学生今后使用外语的需要选择教学内容。通过接触、模仿范例练习和自由表达思想三个步骤来组织教学。此法主张以交际活动来培养学生的交际能力。

自 21 世纪以来,有关交际法研究的文章更注重交际法在教学中的具体运用,其中孔燕平、王丽萍等的文章具有代表性。分析这些国内交际法方面的文章可以得出以下结论。

(1)交际法在中国的大学英语教学中影响巨大。关于交际法研究的文章出现频率最高。第三代及第四代大学英语教材都重视学生交际能力的培养。

(2)多数研究文章在肯定交际法的同时也指出了交际法在中国大学英语实际教学中所存在的问题。董晓红、高圣兵、辛斌、李瑛等人,韩彩英、李祥坤等人的文章具有代表性。上述文章所分析的具体问题可归纳如下。

1)学生的需求分析。交际法要求外语教学首先要分析学习者的兴趣和需求,并尽可能满足学习者的需要。但中国大学英语学习者的需求具有广泛性、复杂性及模糊性等特征。而且,随着这些年大学的扩招,班级人数越来越多,学生的水平更加参差不齐,这就使得教学很难满足众多学生的兴趣需要。

2)如何处理准确与流利的关系。交际法对教师在交际活动中如何处理学生的错误提出了很高的要求,这让教师在实际操作中感到很棘手。

3)如何处理语法。只重视交际而轻视甚至忽视语法不利于学生创造性地学习、运用语言,也有碍交际能力的培养。交际中杂乱无章地接触语法的方式会严重影响学习效果,挫伤学生的学习积极性。

4)传统因素及测试。中国长期的灌输式教学模式对交际法的有效实施带来了很多困难。而且,中国传统的重语言知识轻语言运用能力的测试也阻碍了学生交际能力的培养。

5)师资。交际法对教师提出了很大的挑战,这些挑战不仅体现在教师的语言能力方面,而且体现在教师的观念、组织能力等方面。与高要求相反的是中国的许多英语教师水平有限,尤其是广大偏远地区的英语教师。

6)交际法未能有效地解决语言输入和输出的关系,而是在很大程度上片面强调输出,在课堂教学中用大量时间进行会话便是证明。然而,输出并不一定比输入更有效。

(3)关于交际法的实验很少,如何在教学中结合中国大学英语教学的特殊环境运用交际法的研究亦不够,尚未形成有效的教学模式。只有顾桂菁、李瑛等人在这方面做了较长时间的实验。而大多数文章仅限于理论介绍,或关于交际法得失方面的分析。

交际教学法最大的优点是从学生实际出发,确定学习目标,使教学过程交际化,帮助学生掌握交际能力。但缺点是缺乏语言功能项目的标准、范围及教学顺序的科学依据,语言形态和结构难以和功能项目协调一致。但不管怎么说,交际法是现代国外最流行的英语教学法之一,虽然具体方法不尽相同,但绝大多数学者已得出共识:培养交际能力是英语教学的出发点和归宿。

六、任务教学法

任务型教学是指教师通过引导语言学习者在课堂上完成任务来进行的教学。这是 20 世纪 80 年代兴起的一种强调在做中学的语言教学方法,是交际教学法的发展,在世界语言教育界引起了广泛关注。近年来,这种用语言做事的教学理论逐渐引入我国的基础英语课堂教学,是我国外语课程教学改革的一个走向。该理论认为,掌握语言大多是在活动中使用语言的结果,而不是单纯训练语言技能和学习语言知识的结果。在教学活动中,教师应当围绕特定的交际和语言项目,设计出具体的、可操作的任务,学生通过表达、沟通、交涉、解释、询问等各种语言活动形式来完成任务,以达到学习和掌握语言的目的。任务型教学法是吸收了以往多种教学法的优点而形成的,它和其他的教学法并不排斥。

任务教学法是以第二语言习得研究为基础的一个具有重要影响的新型教学法。任务教学法也对中国的大学英语教学产生了很大的影响。国内多种大学英语新教材的编写都借鉴了任务教学法,国内有关任务型教学法的相关文章也日渐增多。覃桂修、岳守国、袁昌寰、夏纪梅、丰玉芳等人的文章主要涉及任务的界定、任务的类型、任务教学法的定义及优势、任务的设计原则等方面。有关任务型教学法的文章多对任务方法持肯定态度,只有覃桂修等人指出了实施任务法所面临的一些困境,尤其是对教师的语言能力和精力的投入都提出了更高的要求。而且中国大学英语教学班普遍人数偏多,具体实施过程中则可能难度更大。

任务型教学法通过完成多种多样的任务活动,帮助激发学生的学习兴趣。在完成任务的过程中,将语言知识和语言技能结合起来,有助于培养学生的综合语言运用能力;有利于促进学生积极参与语言交流活动,启发想象力和创造性思维;有利于发挥学生的主体性作用。在任务型教学中有大量的小组或双人活动,每个人都有自己的任务要完成,可以更好地面向全体学生进行教学。任务活动内容涉及面广,信息量大,有助于拓宽学生的知识面。在活动中学习知识,培养人际交往、思考、决策和应变能力,有利于学生的全面发展。在任务型教学活动中,在教师的启发下,每个学生都有独立思考、积极参与的机会,易于保持学习的积极性,养成良好的学习习惯,帮助学生获得终身学习的能力。

国内有关任务型教学法的文章目前尚处于引进、介绍阶段,大多数文章未能结合中国外语教学的具体情况来探索如何在教学中运用任务型教学法,这方面的实证性研究更加缺乏。这些问题的探讨和研究应成为今后研究的重点。

七、整体语言教学

整体语言教学自20世纪80年代在美国出现以来,引起了语言教学界的广泛关注,有关整体语言教学的研究文章多对其持肯定态度。但是,关于整体语言教学,语言学界尚未形成统一的、普遍认可的观点,也没有一个确切的定义。尽管如此,国内的许多文章就整体语言教学的规则进行了探讨。但国内对整体语言教学的研究较少,现有的研究还不够全面深入,尤其是缺乏实证性研究。

八、折中法

过去的几十年里,受到国外外语教学法频繁更迭的影响,中国大学英语教学也出现过不少方法。然而,过去二三十年对外语或第二语言教学的研究表明,无论是定性还是定量研究,都未能提供一种普遍认为是“最佳的”外语教学方法,于是人们开始支持一种折中主义的观点。折中法博采各家之长,根据每一阶段的具体目标及学习者的具体情况灵活采用各种方法,融合各教学法的长处。国内主张在教学中运用折中法的呼声也很高。《大学英语课程教学要求(试行)》指出“应充分利用多媒体和网络技术,采用新的教学模式改进原来的以教师讲授为主的单一课堂教学模式”，但“也要充分考虑和合理继承现有教学模式中的优秀部分”。国内最新的几套大学英语新教材的编写也都在一定程度上体现了折中法。例如，夏纪梅以《“五性”与“五法”的综合体现》为题来评价《大学英语》（全新版）。国内主要外语刊物上也发表了不少有关折中法的文章，这些文章大都对折中法持肯定态度。

国内有些学者在文章中探讨了折中法产生的原因。有些学者强调折中法并不是各种教学方法无原则的拼凑，而是各种方法的优化融合。如何做到优化融合？樊长荣、咸修斌、张治英、罗立胜等人都在文章中探讨了一些总的原则。他们指出：在不同的教学阶段，结构与功能、传统法与交际法的侧重应有所不同；教学对象不同，教学方法也应不同。

有关如何在大学英语教学中运用折中法的实证研究极少，也缺乏对折中法在运用中所存在问题的研究。这些都一定程度地制约了折中法在大学英语教学中更好地运用。

九、写长法

写长法是王初明首先提出来的一种教学方法。几年来，王初明多次撰文阐述了写长法的教学理念、具体实施步骤及实施意义等。写长法是以写的方式促进外语学习的方法。写长法不同于传统的外语写作教学，因为前者是针对学外语多年而不会运用的困境，以设计激发写作冲动的任务为教学重点，给学生提供一个操练外语的平台，让学生有内容可写，愿意写，能够写，写得长。写长法是一种新颖的外语教学模式，几年来小范围的实验结果证明它为改变我国外语教学“费时低效”的局面提供了一种值得借鉴的外语教学模式。随着研究的深入和实验范围的逐步扩大，写长法将会进一步推广和完善。

十、自主学习法

自主学习始于 20 世纪 80 年代初，到了 90 年代末，西方语言学界及语言教学界对自主学习的研究与实践在广度与深度等方面几乎可以与 80 年代流行的交际法不相上下。《大学英语课程要求（试行）》也提出“应以现代信息技术，特别是网络技术为支撑,使英语教学不受时间和地点的限制,朝着个性化学习、自主式学习方向发展"。国内有关自主学习的文章也越来越多。国内的研究多集中在自主学习的界定、外语自主学习的必要性、提高自主学习能力的途径等方面。还有些文章探讨了自主学习在实施中所存在的一些困难和问题。

尽管在中国大学英语教学中实施自主学习遇到了种种困难,但从一些教师的实证性研究来看,学生赞同自主学习,而且自主学习实验也取得了一定的成效。随着有关自主学习研究的深入及自主学习外部环境的进一步改善,自主学习将会在大学英语教学中更广泛地开展,取得理想的效果。

十一、以学生为中心教学法

众所周知,学习外语的目的是用外语进行交际,而掌握外语这一交际工具的最有效的途径是交际实践。外语交际能力包括准确地接收信息和发出信息的能力。接收信息包括听和读,发出信息包括说和写。所以,外语交际能力的培养就意味着全面培养学习者的听、说、读、写能力。交际能力由两个方面组成:语言知识和交际知识。语言知识的积累可以提高交际能力,交际实践可以巩固学到的语言知识,并进一步促进交际能力的提高。在这两者的关系中,语言知识的学习最终是为语言交际服务的。

以教师为中心的英语教学法的弊端就在于只注重向学生传授语言知识,忽视了对学生语言交际能力的培养。这种教学法将学生看成一个知识容器,老师的职责就是灌输知识。在这种教学法的影响下,学生常常是机械地掌握了一些基本语言知识,却不会活学活用,更不用说进行语言交际了。

与此形成鲜明对照的是以学生为中心的教学法。这种以学生为中心的教学法,主要来自两个方面的影响,一是人本主义心理学知名代表 Rogers 的学生中心说。人本主义心理学强调天赋人性,要求从人的主观意识出发,从整体上解决人的动机、人格,从而说明人的本质特征和内在情态、潜在智能、目的、爱好、兴趣等人类经验。人本主义心理学特别强调人的意识所具有的主动性和自由选择性,认为人能根据自己的意向,确定自身存在的价值。教学的目的是促进学生个性的充分发展。教师要真诚地对待学生，尊重学生的个人经验，重视他们的情感和意见，深入地了解学生。具体来说，学生中心说主要落实在对教师的几点要求上：①为学生创造融洽、积极向上的环境；②建立相互了解、信任的师生关系；③提供多种适合学生的学生材料；④帮助学生深入思考和学会运用；⑤激发学生的主动性、积极性，促使学生在课堂上真实地表达自己的感受和情感。二是来自对外语学习主体研究的影响。近年来，人们在教学研究中注意到，一些教学方法在理论上行得通，但不能带来有效的语言学习教学效果。这促使人们意识到，在研究怎么“教”方面，不能忽视对教学的对象——学习者的研究。至此，教育界对于语言的教与学的侧重点发生了转移，人们开始了对学习主体的研究，主要包括对学习者个人差异的研究和学习过程的研究。对学习者个人差异的研究表明，学习者并非可塑的泥土，可由老师捏成任何东西，他们有各自独特的性格、动机和学习风格。所有这些特点会影响他们在课堂上的表现，乃至最终影响到学生英语交际能力的培养和提高。探讨学习者之间的个体差异主要从以下几方面来进行：①性格；②动机；③学习方式或是认知风格；④语言潜能。另外，对学习进程的研究，例如对母语的研究，进一步证实学习者在语言学习过程中积极主动所起的重要作用。

鉴于以上这几方面，以学生为中心的教学法确立了这样一种教与学的关系：教师的“教”处于次要地位，学生的“学”占主要地位；教师是教学活动的主导，学生是教学的主体；教师在教学活动中的角色是一个指导者、组织者和学术咨询者，其次才是授课者，对教学的效果起最终决定作用的是学习者本人。这样，以学生为中心的教学法就将以教师为中心的教学法的重教改为重学。教师在教学中注意研究学习者的主体差异性，多层次地深入了解学生，针对不同层次的教学对象、学习者不同的性格和认知风格，组织教学活动；并且在教学活动中，运用正确的方式方法，启发他们思考，激发他们的学习主动性和积极性，鼓励他们并给他们创造机会将学习的语言知识转化为实际运用语言的能力。

十二、小结

通过对国内主要期刊有关大学英语教学法文章的综合分析，我们可以得出以下结论。

(一)以语法翻译法为代表的传统教学法影响力依旧巨大

几十年来,各种教学法流派对传统教学法确实产生了很大的冲击,但传统法仍广泛地应用于大学英语教学中。传统教学法有其很大的优势,此外,传统教学法对教师的语言水平要求相对较低。而且,无论是教师还是学生均已习惯传统的教学方法。教师的教学理念及学生的学习习惯的转变尚需时日。简而言之,传统教学法将继续在大学英语教学方面发挥作用。

(二)博采众长,各种教学法的优化融合会成为中国大学英语教学的趋势

过去几十年,各种新的教学法并没有带来令人满意的效果。现实使教师认识到外语教学是没有灵丹妙药的,每种方法都有其长处,也有其缺陷。重要的是教师应根据教学的具体情况采取不同的教学方法,只有这样才能充分发挥每种教学方法的优势。

第三节 外语教学模式

我国自2002年起开展新一轮的大学英语教学改革。经过试验和总结,2007年大学英语教学改革开始进入全面推广阶段。此次大学英语教学改革涉及教学内容和教学手段的改变、教学思想和理念的更新以及教学机制和模式的创新。2007年教育部高教司正式颁布的《大学英语课程教学要求》(以下简称《课程要求》)已成为高等院校大学英语课程教学的指导文件。《课程要求》明确指出了大学英语的教学性质和目标,细化了三个层次的教学要求,而对课程设置却仅仅提出了原则性要求:“各高等学校应根据实际情况,按照《课程要求》和本校的大学英语教学目标设计各自的大学英语课程体系,将综合英语类、语言技能类、语言应用类、语言文化类和专业英语类等必修课程和选修课程有机结合”,并没有列出具体课程。不可否认,“这一做法有助于各校在根据自身特点设计大学英语课程体系时发挥主动性和创造性”,但同时也给各个学校提出了一个新问题:如何设置课程和建立切实可行

的大学英语课程体系。因而,结合本校特色建立有效的大学英语课程体系成为各个学校大学英语教学改革的关键。

其实,随着大学英语教学改革的推进,各校已在不同程度上对大学英语课程设置进行了改革。最典型的是教育部评定的示范点院校的改革,这类院校把大学英语课程分为“读写译”和“视听说”两种类型,采用“3+1”或“2+2”的教学模式,进行大班授课和小班辅导。还有少数高校试验了大学英语教学四年不断线,把大学英语教学分为基础阶段和提高阶段,其中三、四年级的应用提高阶段设有高级英语、专业英语等后续课程,但实践表明提高阶段的英语教学在高校所受重视程度明显偏低。另有少数重点院校(复旦大学、上海交通大学等)尝试了灵活的学分制教学,采用大学英语必修课和选修课的学分选修制;浙江大学甚至尝试了 ESP (专门用途英语)教学,课程设置也趋于专业化。由于各个学校教学实践的特殊性,学者们都认同大学英语课程设置的多样化,但是大家对于课程设置的合理性、科学性研究还很不足。目前大学英语课程设置研究主要包括三个方面:①对大学英语后续课程的教学模式和教材教法的系统调查;②从社会需求和学生水平角度对转型期的大学英语教学对策进行理论和实践的探索研究;③对我国香港和内地大学英语课程进行详细对比和分析。这些研究虽然在广度和深度等方面需要进一步拓展,但是对于我国高校大学英语的课程设置都有一定的借鉴作用。

一、大学英语课程设置的依据

(一)教学大纲和课程教学要求

一般认为,1986 年颁布的《大学英语教学大纲》(以下简称《大纲》)标志着大学英语成为一门高校公共基础课程,各个学校也主要是围绕培养学生的英语语言基本功进行课程设置。1999 年颁布的修订版《大纲》提出了大学英语课程改革的设想框架,规定完成四个学期的大学英语必修课后进入应用提高阶段学习专业英语和高级英语课程(如高级写作、高级阅读、报刊选读、英语口译等)。但是,由于种种原因各校在实际教学中并没有实现“英语学习四年不断线”这一改革初衷,多数学校仅象征性地开设了一两门大学英语选修课程。2001 年以来,我国中小学基础英语教育改革取得的显著成果,特别是《高中英语课程标准》的全面实施对大学英语课程设置提出了严峻挑战。另外,日益频繁的涉外交流对大学毕业生英语交际能力的要求越来越高,在校大学生对大学英语课程的不满程度有所加深,大学英语教师的积极性和创造性也严重受挫,这些客观因素从根本上促发了大学英语课程设置的改革。

那么,如何改革大学英语课程设置?我们认为应该以《课程要求》的基本精神为指导原则,根据学生的专业差异和个体差异设置不同的大学英语必修和选修课程,真正做到因材施教,使学生成为学习的主人——根据自己的能力和今后的发展需要选修大学英语课程。此外,新的大学英语课程设置应该能够充分调动教师的积极性,使每个教师都可以发挥自己的特长和专长,开设教师和学生双方都喜欢的课程,切实做到教学相长。只有这样,大学英语教学才能真正实现个性化,教师的潜力才能得以发挥。

(二)课程理论

语言学习的目的是使学习者能够使用所学语言进行必要的交流。学生学习英语的目的是毕业后在生活和工作中能够自如地使用英语。因此我们的教学应当以提高学生的英语综合应用能力为最终目标。既然大学新生入学时因为来自不同的地区,各地区教育发展程度不同,新生的英语水平参差不齐,我们就不应该全国一刀切,统统都从基础英语性质的大学英语开始学习。我们的课程设置应当首先进行需求分析,了解教学对象,了解他们的起点,了解社会发展对他们英语能力的实际要求,认真选择教学内容,然后根据实际可能的教学量,提出既有先进性又有现实性的教学目标。

如果要设置合理、科学的大学英语课程,必须理解课程的含义,并进行课程分析和课程规划。经过对比研究,笔者发现从《大纲》到《课程要求》的发展遵循了课程理论发展的趋势——现代课程理论转向后现代课程理论。

现代课程理论把课程视作一种目的,认为课程结构应遵循泰勒原理(Tyler Rationale)——20世纪美国课程研究的一大范式,该原理“是一种基于行为科学的课程理论”。它强调规划课程时应该遵循以下必要程序:①目标分析,即调查社会生活、学科知识和学习者以确定教育目标;②开发研究,即根据学校种类和不同学科的目标决定教育内容;③推广研究,即在学校教育中实施具体化的课程;④评价研究,即评价课程实施效果以检测课程的有效性并确定推广策略。这种线性的现代课程理论根植于经验主义、科技主义与实证主义的课程观,宗旨在于预测与控制课程规划。

后现代课程理论认为课程是在满足社会种种需求的过程中生成的,是不确定的,并认为课程规划应遵循多尔(W. Doll)原理,从而"实现课程的丰富性、回归性、关联性和严密性"。后现代课程理论以认知主义和建构主义为基础,强调课程的适应性、变化性和不确定性。

所谓个性化的大学英语课程,就是学校根据需求分析而专门设置的一系列大学英语课程。自 20 世纪 60 年代兴起的 ESP(English for Specific Purposes)研究成果,特别是需求理论分析为个性化大学英语课程的设置提供了理论依据。

对于需求分析,有的研究者将需求定义为目前情景分析和目标情景分析。目前情景即指学习者开始 ESP 课程学习前,原有的语言程度和对下一阶段学习的要求和期待,包括学习者目前的外语水平、专业知识、学习动机、以前的学习方式,等等。目标情景是指学习者未来工作的环境对学习者的要求以及学习者对待这种需求所持的态度。

我国束定芳教授将需求分析定义为社会需求分析和个人需求分析。所谓社会需求主要是指社会和用人单位对有关人员外语能力的需求;而个人需求是指学生目前的实际水平与他希望达到的水平之间的差距。社会需求也可以分为两大类:一是政府的外交或其他政治目的的需求;二是社会机构,如公司、学校和其他用人单位的需求。

本书认为个性化的大学英语课程也是大学英语课程设置的理论基础。每个学校新建立的大学英语课程体系应具有"适量"不确定性,这种不能预先决定的"适量"需要在教师、学生和社会需求之间不断协调。同时,新建立的大学英语课程体系的架构应该是开放的,需要教师不断发展自己的综合教学能力,组织和探究新的课程。

二、立体化大学英语课程体系和课程设置

目前,我国高校的本科课程基本上包括三类:通识课程、专业课程和选修课程。大学英语课程一般属于通识课程和选修课程。开设通识课程的目的是扩宽学生的知识面,让学生了解除专业知识以外更多领域的基础知识,但在具体实施过程中却存在着必修和选修学分分配的问题,即一门具体的课程会因不同专业的需求而出现课程归属问题。例如,针对不同专业而言,哪些大学英语课程属于通识课程和选修课程。

三、课程设置与设计改革

英国教育家 J. Harmer 在 20 世纪 80 年代初提出的外语教学平衡思想对高校的课程设置和设计改革提供了直接的指导意义。这种平衡包括:①教学目的与教学环境的平衡,即外语教学的目的应是培养有效的交际能力,学习者能用正确的语言清楚地表达自己思想的能力;②教学内容与学习者需要之间的平衡,即教学内容应在对学习者的需要进行分析的基础上确定,以满足学习者的要求,达到教学的有效性;在难以确定学习者今后发展方向时(如基础阶段),应以培养语言的综合能力为取向,并据此选择教学内容;③语言结构与语言功能的平衡;④行为主义、认知主义和人文主义心理学之间的平衡;⑤听、说、读、写四项技能发展的平衡;⑥学得和习得的平衡;⑦输入、练习与输出之间的平衡;⑧活动的多样性与活动的目的性之间的平衡;⑨微调输入与粗调输入之间的平衡;⑩输出的准确性与有效性的平衡;⑪教师角色与活动类型之间的平衡;⑫教师的控制程度、学生的自主程度与教学流程之间的平衡。在这种外语教学平衡思想的启示下,我校创建了一个将大学英语课程群中每门课程的教学目的、内容、教师、教学对象、教学方法从课外英语俱乐部到全校范围内以计算机网络技术为支撑,与自主学习有机结合的多元一体的英语学习平台。

近年来,国内一些外语教学研究者已经发现,我国传统的外语课堂教学在处理输入、吸收、输出的关系上普遍存在顾此失彼的现象,传统的大学英语课程设置和

设计更有重输入、轻输出的倾向，大多数课程设置和设计偏重英语接受能力的培养。针对这种情况，我校在课程设置层面上注意纠正轻视输出的倾向，大学英语课程群的设计（即开设哪些选修课程）就充分考虑了语言输入与输出的平衡。可理解输出可以从三个方面促进二语习得，即具有三个方面的功能：①注意触发功能，即语言输出促使二语学习者意识到自己语言体系中的部分语言问题，进而可以触发对现有语言知识的巩固或获得新的语言知识的认知过程；②假设验证功能，即二语学习者可以把语言输出视为验证自己在学习过程中形成的有关语言形式和语言结构新假设的途径；③元语言功能，即二语学习者使用语言在交际中对语言形式进行协商。

第四节 外语教学质量评估

随着改革开放的深入发展，中国与世界的联系日益紧密，加强英语学习，掌握与世界沟通的“钥匙”就成为一个非常重要的课题。在大学教学中，英语作为一门公共课由来已久，而且为了让学生更好地运用英语开展交流活动，作为衡量学生英语掌握水平的四级和六级考试也是不断改革。当然，要提高一门课程的教学质量，仅靠四级和六级改革是远远不够的，还需要从教学目标、教学手段、教学文献、教学设施、教学评价等多个方面来进行审视并做出相应的调整。从已有的研究成果来看，学者们已经从教学模式的宏观层面、现代化教学设备和教学手段等方面进行了相应的探讨，在教学评价方面也从理论分析和实践评估两个层面做了深入分析。虽然分析者已经从评估主体、评估方法、具体案例等角度对英语教学进行了深入分析，但是我们发现目前的研究并没有对专业英语教学和公共英语教学的评价体系进行区分，这无疑会在一定程度上对其研究成果的实施造成负面影响。鉴于专业英语教学绝大多数实行的是小班教学，在教学上与公共英语教学相比有更加灵活的教学手段，其评价也更加切实可行，而公共英语教学则因为教学规模庞大、学生知识基础参差不齐等因素的影响，呈现评价体系相对僵化的现状，在改革时面临的情况也更加复杂。

一、评估指标体系等级标准的构建

课堂教学评估的根本目的,是通过评估及其结果反馈,改善教师的教学现状,提高教师的教学效果,提升整个教学质量。评估指标的设定要简练,力求具体、直观,使学生能从自身的感受中很容易做出较准确的判断。同时考虑到评估后的数据统计等工作,指标项目不宜过多。一级指标内应相应有若干个二级指标及其具体的评估标准。在对一些学者持有的论点进行研究后,多媒体教学模式下的大学英语教学中学生对课堂教学质量的评估应包括教师、课程、课件、教材等相关一级指标。

(1)教师的一级指标中涉及教学态度、教学水平、教学方法、教学效果四个方面。教学态度反映教师对教学工作的素质特征。课堂教学强调教师和学生的双向交流。教师作为课堂教学的主导,特别要和教学的主体——学生进行交流。教学水平反映教师教学水平的本质特征,"大学英语的教学目标是培养学生英语综合应用能力,特别是听说能力",这就要求英语教师首先要有较好的语音、语调,这是大学英语课程和其他课程有重要区别的地方,所以,在评估指标体系中把它单列出来有其特殊的内在要求。教学方法指标按目标管理范式设置,不涉及具体教学方法和教学风格的项目,以克服模式化教学导向,鼓励教师有自己的创新和教学改革,认可不同的教学风格和教师的个体差异。教学效果强调学生在课堂教学中的主体地位,注重学生"学到多少",而不是教师"教了多少"。教学效果还可评估教师的教学是否能调动学生学习的积极性,通过课堂教学正确引导学生的个性发展,培养学生的能力。

(2)第二个一级指标关注的是多媒体课件。现在大学课堂教学普遍采用了多媒体授课的教学模式,对多媒体载体课件的制作质量进行行之有效的评价就显得特别重要。这里也有四个二级指标:教育性、实用性、技术性、艺术性。

就教育性方面而言,作为教师上课使用的课件,在内容上必须符合国家的教育方针政策,紧扣教学大纲,课件内容应无科学性和政治性错误并符合道德规范;同时课件的内容应具有完整性,应能涵盖原课程教学大纲的全部或大部分知识点,使用课件的教学效果应能达到或超过课程教学大纲的要求。注意启发、引导学生，培养学生的创造思维能力。当前，创造性教育已被公认为是培养高素质创新人才的有效途径。实用性则要求课件的制作成本低，利用率高，维护费用低，使用周期长，有方便的实时帮助功能和详细的说明使用手册，等等。科学性方面的要求是要判断多媒体课件所呈现的知识是否符合科学规律，内容结构是否满足严密逻辑性的要求。选材要求能够具有一般性，使得学生能够在学习过程中遵循一般到特殊再回到一般的认知规律。大学英语多媒体课件中的信息通过图形、声音、视频等超文本方式来表达，因此，同其他教材相比，增加了超文本结构方面的有关内容。艺术性方面的要求则体现在多媒体课件能否满足较高的审美要求和艺术表现手法上。文本的排版是否恰当、醒目，使学生在学习中不受其他无关因素的干扰；图像是否主题突出、清晰，主体和配体关系处理的是否得当；音乐是否优美，同画面、解说词配合是否恰当；课件整体是否完整、富有节奏感，易于吸引学生的注意力，激发学生的学习兴趣，等等。

(3)第三个一级指标关注是教材。目前，《课程要求》已完成，由教育部以正式文件的形式(教育部办公厅文件[2004]1号)下发执行，并由上海外语教育出版社等四家出版社于2004年7月分别出版发行。同时，由高等教育出版社、上海外语教育出版社、外语教学与研究出版社和清华大学出版社分别开发的基于网络的英语教学平台及综合与视听说课程系统——《大学体验英语》《大学英语》(全新版)、《新视野大学英语》和《新时代交互英语》也于2003年12月通过了教育部的验收，成为教育部2004年教学改革试点推荐使用的教学系统。这四套系统也得到了外语界专家的高度评价。目前，许多高校同时使用了以上几套教材，可以通过这样的一个平台，对这几套新的教材做调查与反馈，以便使教材建设得以不断完善。

二、质量评估方法

始于2004年初的大学英语教学改革，在经历了两年的试点之后，已经开始在全国绝大多数高等院校推广实施。体现《课程要求》的新题型也已在2006年6月的大学英语四级考试中亮相。我们参照《大纲》对《课程要求》进行了对比性研究，更加深了对这次大学英语教学改革目标差异的认识。贯彻新的《课程要求》,我们必须注意到:①教学要求有所不同,提出了“特别是听说能力”的要求;②提出了新的教学模式,即“基于计算机和课堂的英语多媒体教学模式”;③强调了一个“全面、客观、科学、准确的评估体系”的重要性,指出了应把“教学评估分为形成性评估和终结性评估”两种;④明确了过程方法为教学管理的方法,即“大学英语教学管理应贯穿于大学英语教学的全过程。通过强化教学过程的指导、督促和检查,确保大学英语教学达到既定的教学目标”。下面重点讨论大学英语教学的质量管理问题以及设想,希望借此抛砖引玉,以引起众多同行对大学英语教学改革深入发展的关注。

(一)教学质量管理模式

《课程要求》中提出:“教学评估是大学英语课程教学的一个重要环节。全面、客观、科学、准确的评估体系对于实现课程目标至关重要。它既是教师获取教学反馈信息、改进教学管理、保证教学质量的重要依据,又是学生调整学习策略、改进学习方法、提高学习效率的有效手段。教学评估分形成性评估和终结性评估两种。”通过研究上述要求,我们找到了解决教学质量管理模式的思路。

采用质量功能展开的方法,我们对形成学生英语能力的全过程进行质量功能分解,便得到了大学英语教学三大过程和14个质量监控关键点。然后,将学期总评成绩的分值按各项语言技能的重要性分配分值,进一步将分值细分到关键的质量监控点。过去的学期总评成绩中,期中和期末考试成绩占70%,平时成绩占30%,它基本上是一个终结性评估形式。按照我们新设计的教学质量管理模型,学期总评成绩已经分解到决定教学过程总体质量的各个教学过程中;在各个教学过程实施中评定分数,然后按各个教学过程的分数(过程质量)来评定学期总评成绩(总体质量);将质量管理融入日常的教学过程中,而不是过分注重终结性评估的成绩。

(二)教学质量管理模式分析

一般来说,用于成绩评定的标准就是学生用于行为决策和学习的标准,“核量什么就会完成什么”,评定成绩不仅仅是一项用于评定已经完成的教学活动的工具,它还可用于激励学习者特定的行为,因而可以预先制定未来的结果。过去,在我们的学期总评成绩中,期中和期末考试成绩占70%,所以学生忽视日常的学习过程,出现了上课缺勤、不交作业等现象;由于课堂教学和课后练习这个质量形成的过程出现了问题,它必然会在期中和期末考试(过程的输出)的结果中反映出来。因此,我们必须改革学期总评成绩的标准来改变学生的学习观念和行为路线。

(1)五项语言技能。《课程要求》中对每一层次的英语能力都提出了五项要求,即听力理解能力、口语表达能力、阅读理解能力、书面表达能力和翻译能力,所以我们有必要把每一项技能都包括在教学过程和成绩评定的范围内。需要注意的是,听力理解和口语表达分别列在了第一位和第二位。《课程要求》尤其强调了“无论采用何种形式,都要充分考核学生实际使用语言进行交际的能力,尤其是口头和书面的表达能力”。所以,在将五项技能分成三个大的教学过程(读写译教学、视听自学、小组口语练习)后,我们不但应给口语检查评分,还要给平时上课出勤率、课堂回答问题和书面表达作业完成率评分,并将这些分值计入学期总评成绩内。

(2)三种教学形式。我们应以课堂集中教学、网络自主学习、学习小组活动三种形式作为培养五项英语能力的教学模式。尽管计算机网络分别提供了“视听说”和“读写译”两大课程的教学模块,但根据我们在2005年10月进行的问卷调查发现,大约90%的教师和学生对通过计算机网络多媒体学习“视听说”课程感到满意和比较满意,而只有10%左右的教师和学生对通过计算机网络界面学习“读写译”课程感到满意和比较满意。显然,传统的课堂讲授及书面表达练习用于“读写译”的教学过程仍有一定的优势,所以我们主张“读写译”课程的教学继续采用传统的课堂集中讲授的方式,而将计算机多媒体的优势主要用于“视听说”的学习过程。至于大学英语口语的教学,由于师资力量的限制,采用学习小组的形式比较可行。教师的主要任务是设计小组活动任务、督促学生以小组形式开展口语活动、轮番面试检查并评定学习小组完成任务的成绩。为了促进学习小组活动的开展,必须使学生牢记:英语口语是一项技能,是练出来的,熟能生巧。另外,为了营造一种语言学习的环境,学校应有具体措施支持和鼓励学生参加英语课外活动(例如,除英文演讲比赛外,还有英语词汇擂台赛、英语话剧表演赛、英文故事比赛、英语背诵比赛等)。

(3)14个教学过程质量监控的关键点。按照《课程要求》对教学管理的要求,"大学英语教学管理应贯穿于大学英语教学的全过程。通过强化教学过程的指导、督促和检查,确保大学英语教学达到既定的教学目标"。通过针对上述4个过程管理问题的分析,我们找出了14个教学过程质量监控的关键点。例如,在学生上网自学听力的过程中,教师要对每位学生的学习时间、学习进度、学习成绩进行监督,如果发现偏差,应分析原因,及时纠正,必要时还需要制定预防措施,防止同类问题再次发生。网络上的课程只是作为学生的一个学习过程,教师要监督他们按时完成。至于通过计算机学习的听力成绩,还要通过定期的听力测试来确认。当然,命题可参照网上的学习内容,听力测试的成绩计入学期总评成绩。

三、操作方法与实施

将学生作为主体对教学体系进行评估,不仅要考虑评估体系本身的科学性,还要特别重视评估过程中学生心理因素的干扰对评价的客观性产生的影响。例如学生可能会担心评估结果被任课教师知道而导致老师对自己态度的变化或影响自己期末考试的成绩;有些学生和被评估的教师关系较好,将评估作为表达感情的方式;另一些学生可能因为任课教师要求严格产生报复或厌恶心理而给予偏低的评估,等等。为了保证学生评估数据的客观性和可信性,评估前由主管学生工作的辅导员对参评的学生进行培训,使学生了解评估的目的、意义、指标含义、评分标准、评估方案和操作方法等,以优化学生的评估心理。同时在操作层面上采取以下对策和措施:①评估一律采取网上不记名形式;②每一位学生通过学号和密码只能进行自己的评估,不能看到其他学生的评估情况以避免"搭车效应";③任课教师只有在该门课程和考试完全结束后的下一个学期才能看到学生对自己的不记名评估;④每一位教师只能看到学生对自己的评估,不能看到对其他教师的评估结果;⑤学校对院系主管教学的负责人设置了专门的密码,以了解学生对本单位教学评估的总体情况。这些对策和措施有效地增加了学生评估的客观性和评价结论的可靠性。在网络与多媒体的教学模式下,为了保证每个学生都能参与评估,学校可以将学生网上评教系统与现有的教务处教学和学籍管理系统相连接,学生能够在任何一台可上网的计算机对教师课堂教学质量进行评估。通过这样的操作模式,可以使得针对课堂的教学评价做到客观、公正、全面。

多媒体课堂教学模式是一种现代化的教学模式,是推广现代教育技术的重要方式,不仅促进了学科教学信息资源的整合和优化,也促进了教学过程的根本性变革。学生的"学"与教师的"教"都发生了重要的变化,在这样一个过程中,对于教师课堂教学的评价将影响到多媒体环境支持的教学改革的进程。多媒体模式下课堂教学评价体系的建立是大学英语教学质量监控体系的有机组成部分,对于促进整个大学英语教学改革有着重要的作用。当然,在多媒体教学模式下,对课堂教学进行评估还需要一定的实践过程,只有这样才能形成可资借鉴的比较成熟的做法。

四、教学评价体系存在的问题

所谓大学英语教学质量评估,就是在遵循一般高等教育规律的基础上,教学具体实施的有关方面及其管理部门对"大学英语"这门课程给出一个基本的、全面的、实事求是的评价,是对"大学英语"教学的综合检查,是对"大学英语"教学进行质量监控和政策调整的重要手段。正如上文所述,教学评估是对教学的全面评价,因此,我们对大学公共英语教学质量的评估,实际上就是对我们在评估教学、教学手段和方法、教学文献等方面的具体措施的考查。

(一)教学目标评估无法细化

教育部发布的《课程要求》首先对学生教学目标做了宏观阐述,它指出大学英语教学应"培养学生的英语综合应用能力,特别是听说能力,使他们在今后学习、工作和社会交往中能用英语有效地进行交际,同时增强其自主学习能力,提高综合文化素养,以适应我国社会发展和国际交流的需要"。之后《课程要求》从听力理解能力、口语表达能力、阅读理解能力、书面表达能力、翻译能力及学生应掌握的词汇量进行了具体的规定。这样的规定为教学评估提供了最直接的量化标准,为评估人员的考核提供了便利，但是从具体的执行情况来看，目前大学公共英语教学评估显得过于简单，在很长一段时间内整个考核被简化成终结性的考试评价。也就是说，教学评估工作在公共英语教学领域的应用实际上是对总体教学目标的实现起了误导作用。在正常情况下，教学评估应该与教学目标是一致的，但是由于有了具体的量化指标，使得考核的过程中仅以量化指标为依据，而忽视了各个量化指标的最终目标——让学生形成综合应用能力。之所以会这样，与教学规模过于庞大、学生素质参差不齐、考核体系建设不完整有很大的关系。

我们知道，公共英语教学与专业英语教学不同，它实现的是大班教学，学生数量少则七八十人，多则一百多人，这样大的规模导致了教学过程中难以实现个别教学，再加上大班教学经常会出现不同专业的学生同时上课的现象，这在某种程度上使得考核人员在考核学生成绩时无法进行过于细致的考核，只能采用大规模、共性化的考核手段，即我们通常说的终结性评价。这样的评价体系必然导致学生的学习目标不是抱着学习某项技能的心态来进行，而是为了通过考试而学习，最终的结果是大多数学生能够通过考核，但是最终掌握的却是无法应用的“哑巴”英语。相当一部分学生更是连基本的阅读能力都没有具备，一旦遇上生僻词汇就无法完整理解阅读内容的意思，还有不少学生则是在考核通过之后就将“所学知识还给了老师”。

（二）形成性评价流于形式

通俗来讲，教学评价实际上就是评判通过整个教学过程培养出的学生是否合格。我们通过上文分析已经发现，如果仅有终结性评价，最终会导致大部分学生的学习目标发生偏转，最终使得教学目标无法完成。因此近年来，教学评估对形成性评价越来越重视。所谓形成性评价是指根据教学目标，采用多种评估手段和形式，跟踪教学过程，反馈教学信息，促进学生全面发展，包括学生自我评估、学生相互间的评估、教师对学生的评估、教务部门对学生的评估等内容，其主要的特点是将各种学生平时的表现通过档案的形式记录下来。从出发点来看，这种评价手段有助于教师及时发现问题、改善教学方法和教学手段，也有利于学生及时发现问题并弥补自身的不足，但是从实际执行来看这种方法却没有得到明显的成效。在不少学生看来，这种主观性很强的评价方式只不过是使得他们能够更加容易得通过考核，对于督促他们积极开展学习并没有太大的意义。据冯剑军等人的调查显示，有将近三分之一的学生认为“只要把期中、期末考试考好，学期总评成绩就没有问题了”。确实，对于从事大学公共英语教学的教师来说，且不说他们负担着极大的教学任务，无法一对一地了解学生的实际情况，而且在通常的教学中“大学生应该自主学习”观念也是根深蒂固的，所以我们看到很多教师在给学生平时成绩时根本无法做到准确评估，在很大程度上是依据学生是否遵守课堂纪律等来评价的。教师评价的放松反过来进一步使得学生自我放纵，尤其是在社会不良价值观的引导下，一些学生在完成作业时通过网络抄袭，或者通过贿赂教师来获取平时成绩。

（三）教学手段和教学方法评价趋向现代化和技术化

加强对教师教学手段和教学方法的评估同样是避免出现终结性评价对学生的误导，进而促使学生养成自主学习习惯的主要做法。因为教师在平时的教学中，不仅是知识的传授者，更是价值观的引导者。教师的言传身教往往能够对学生起到很好的引导作用，而教师引导作用的发挥除了树立榜样，还要通过积极有效的教学手段和方法来使教学内容更加生动、有趣，进而让学生对本学科产生浓厚的兴趣。

但是我们看到，在大学公共英语教学质量评估过程中，由于教学资源等多种因素的限制，对教学手段和教学方法的评价依然有很强的误区。其中突出的导向就是对教学手段的要求趋向现代化和技术化。众所周知，现代多媒体技术的出现为实现大规模教学提供了充分的技术支持，大学公共英语教学自然是受益良多，以至于在北京邮电大学的调查中出现了“没有教师认为现代教育技术辅助外语教学不好”的情况。由此也就引出了一个非常硬性的标准，即教师在教学过程中能否熟练应用多媒体技术开展教学是衡量教师教学水平的重要指标。当然，之所以出现这种情况可能也与使用该项技能是更加显性的指标有关，毕竟当前教学评估的队伍建设仍然有很大的不足，尽可能采用显性标准、简化评估难度就成为非常重要的影响因素。

与此同时，我们也发现，随着国外先进教学思想的不断涌进，在教学质量评估方面也出现了某种程式化的思维，即只要采用情景模拟等以学生为主的具有很强互动性的教学方法就会得到好评，而传统的“一支粉笔，一张嘴”的讲授式教学方法则被普遍认为是落伍的。实际上，教师的教学风格各有不同，很多老教师在使用传统教学方法时驾轻就熟，同样能够将知识讲得生动活泼，深受学生欢迎。而不少教师在使用互动性更强的教学方法时，由于自身素质仍然存在差距，再加上课堂驾驭能力不足，往往使得一些讨论没有实质内容，变成为了讨论而讨论。

（四）教学文献评价侧重讲义评比

在当前公共英语教学文献的选择上，虽然可供教师选择的教材日益增多，网络教学资源也日渐丰富。但是对于大学公共英语教师而言，其可供选择的内容仍然十分有限。在通常情况下，同一个高校选用的教材是较为一致的，加之大学公共英语课的教师往往会承担非常繁重的教学任务，没有能力再开发针对性强的教材，这与我国大多数高校学生专业复杂的现状形成了鲜明的对比。这种情况自然会使得教学评估部门在评估教师教学文献选用情况时只能将考查重点放在对教师讲义的评比上。但是从整体情况来看，教师的讲义通常较为简单，很难真实地反映教师在教学中的能力，因为写得好未必就能讲得好。而且一旦进行大规模的评比，难免需要抽取共性的指标，进而忽略了教学过程中教学对象不同导致的讲义差异性。尤其值得注意的是，所谓的共性指标通常具有很强的抽象性，加大了评估人员在评估过程中的主观性，进而也使得一些高校的评估成为“走过场”。

五、教学评估的建议

（一）强化教师队伍建设

从目前大学评估教师队伍的建设来看，对教师的监督主要由学校的离退休或具有资深教学经验的老教授以及学校负责教学管理的教师来完成，基本没有固定的、常设性的专职教师评估队伍；对学生的考查通常由是教务部门完成的；形成性评价的权力则掌握在教师和辅导员的手中。尤其需要提及的是，教务部门的考查在很大程度上是从普遍性的视角来进行的，即通常不会出现专门针对某一学科而建立的督导小组，在这种情势下做出的评估只能是大众化的结论。再加上由于评估任务繁重，很多时候难免陷入了“走过场”的困境。因此，要真正提高评估工作质量，强化专职评估教师队伍建设就显得非常重要。首先，从业务上要鼓励现有的评估教师队伍加强研究，提高评估效率和评估的准确性。无论如何，评估本身就是一项“人员少、任务重”的工作，因此，现有的评估人员必须加强在平时工作中的分析和总结能力，针对相应的学科建立一套行之有效的工作方法。其次，在教师评估方面，无论指标多么量化，都不可能做到完全的数字化评估，因为教学本身就是一项科学的艺术性工作，教师的个人素养、学生特点、教学内容等都会对教学工作开展产生影响，所以通过长期的工作，针对具体学科、不同教师类型等做相应的总结就显得非常必要。最后，要让评估教师充分认识到评估工作的重要性和神圣性，明白其肩负的重要责任。教学评估工作作为整个教学活动的最后一环，不仅是对整个教学活动成功与否的检验，更是为教学改革和发展提供意见的重要环节。因此，在平时要注重培训工作，使从事评估工作的教师自觉严格要求自己，坚决杜绝“老好人”思想的出现。

（二）完善教学评估体系建设

从当前用人单位聘用应届毕业生的角度来看，学生平时成绩和表现也被纳入考核指标。但是我们知道，用人单位对学生的考查不可能从入学持续到毕业，而这一切就要通过学生的档案来展示。对于大学公共英语课程来说，除了明确查看学生的四、六级考试成绩，其平时的成绩也显得非常重要。通过目前对学生的平时考核我们发现，仍然是传统的单一成绩表述，而不是按学生的阅读、听力、口语等多个层面来展示学生的特点。这种做法既不利于展示学生的不同特点，同时也给用人单位选拔学生造成了一定的困难。因此，除了提升专职评估人员的业务素质，还应该加大投入，完善评估体系。具体到大学公共英语课程的评估工作，最重要的就是采用现代化的多媒体视听说设备，对学生的听力、口语表达等能力进行全面的考查，尤其是在分值计算上要与阅读等放在同等重要的程度，进而强化对教学工作的引导作用。其次，要实现考核结果的公开化，要在网络上及时公开考核结果，使师生及时、充分地了解考核结果，为进一步改善教学活动提供依据。其实，考核不仅出现在学校，进入工作之后，各种各样的考核也是无处不在，因为取消考核就无法形成结论,更无法进一步发展。而且弱化考核实际上就是降低考核标准,这样只会使得我们培养出的人才更加不符合社会发展的需求。因此,改进考核体系,强化对学生全方位能力的考查才是正确的思维。

(三)提升师生对公共课的重视程度

大学公共英语课程是一门所有学生都必须学习的课程,但正是由于其公共性使得其与专业课程相比受重视程度明显不足,使得从事该课程教学的教师承担了极其繁重的工作任务。因此,在整个教学评估过程中,要做好细致的评估工作,准确了解学生的学习动态,几乎是不可能的事情。与此同时,与专业课程不同,大学公共英语课程对于相当一部分学生来说是被迫学习的。他们在对待这门课程时往往抱着得过且过的态度,“六十分万岁”是其学习的主要想法。这种情况的存在必然使得需要师生合作完成的形成性评价工作往往成为一项摆设。对于这种情况,单纯依靠专职评估人员实现公正、准确评估是不可能的。因此,除了建立申诉渠道,让学生能够对自己的成绩提出异议,还应该不断普及终身学习理念,让教师和学生都认识到公共英语课程的重要性。教师在教学中勇于承担责任,对学生平时的综合能力给出客观公正的评价;学生在自评和互评的过程中,要本着对自己和他人负责的态度来给出相应的评价。总之,学生和教师要在头脑中树立一种观念,即此时对自己和他人的放纵实际上就是对自己和他人的不负责,这不仅不利于自己长远的发展,而且是对整个社会的不负责。

外语教学研究的重点已由研究教转向研究学,即由以教师为中心向以学生为中心转变。这一变化既是为了提高学生的外语综合运用能力,也是为了更好地适应信息时代的要求和挑战,促进人的全面发展。

中国的大学英语教学已不再是完全照搬国外的教学法。越来越多的大学英语教师开始在教学中把国外的教学法和自己的教学实践相结合,并在实践中对国外的教学法加以改进。还有一些教师在教学中创造出自己独特的教学方法或教学模式。例如,王初明教授首创的“写长法”已被一些教师运用于大学英语教学的实践中,并取得了理想的效果。而且,越来越多的大学英语教师正在对多媒体环境下的大学英语教学模式进行广泛、深入的探索,并取得了可喜的成果。

总之,大学英语教学在方法上越来越趋于多样化、折中化、本土化、学生中心化和学习自主化,这些变化促进了中国的大学英语教学。但是,大学英语教学及相关的教学法研究尚存在着一些亟待解决的问题,如在一定程度上盲目地崇拜、照搬国外的方法,脱离中国外语教学的实际;对国外的教学流派引进得多,但实证性研究少;对国外的方法盲目赞扬者多,而客观的分析、批评者少。结果造成了大学英语教学法方面的研究比较空洞,缺乏说服力,未能给大学英语教学提供应有的支持,做出应有的贡献。大学英语界的广大教师应在今后的教学与研究中克服上述问题,在充分吸取教育学、心理学、语言学、第二语言习得等领域的研究成果的基础上,充分考虑外语学习的特殊性、师资水平等,针对中国学生学习外语的特点、目标和环境,探讨和设计出符合不同水平层次、不同年龄层次学习者需求的教学方法。敢于直面现实,敢于创新,敢于打破"唯上"主义,敢于突破教条主义,敢于突破现有教学体制所造成的诸多限制,努力探索出符合中国大学英语教学实际的教学方法和教学模式,从而推动中国大学英语教学的进一步发展。

第五章　大学英语学习方式

随着大学英语教学改革的推进,大学英语教学已经从注重培养学生的读写能力向英语语言综合运用能力转变。传统教学的结果是让英语学习者陷入“哑巴英语”的困境,这不符合当今时代的要求。在教学改革的背景下,大学英语学习方式也要有所改变。以前的英语学习大都是接受学习,而现在的教学理念需要学生在学习中占主体地位,而不是被动地接受知识。在这种形势下,自主学习、合作学习和探究学习的理念应运而生。本章就具体谈谈教学改革背景下的大学英语学习方式。

第一节　自主学习

在当前的知识经济和互联网时代,知识的重要性显得尤为突出,并且知识更新日益迅速,这就对人们的学习能力提出了巨大挑战。如果人们不能开发自己的学习潜能,便会被社会所淘汰。因此,终身学习这个理念引起了人们的重视,要想实现终身学习,必须具有独立自主的学习能力。与此同时,外语教学也应该致力于培养有自主学习能力的学习者。

一、自主学习的内涵及特征

(一)自主学习的内涵

国外许多教育家都对自主学习做过研究,1981 年,霍莱茨(Holec,1981)出版著作《自主性与外语学习》,指出自主学习就是“能负责自己学习的能力”,并进一步解释负责自己的学习就是:确定学习目标、确定学习内容、选择学习方法和技巧、监控学习过程、评价学习结果。他认为,这种自主学习能力是要通过自然途径或专门学习才能获得。迪金森(Dickinson,1995)这样定义自主学习:自主学习就是成功地掌握了学习态度和学习能力,学习态度就是在学习过程中负有决策的责任,学习能力就是学习过程中的做决定和反思的能力。美国心理学家齐莫曼(Zimmerman)也做了自主学习的研究,他提出自主学习者必须在元认知、学习动机和学习行为三个方面都是积极的,元认知是对学习的计划、监控、评价和调节,而学习动机是一种学习的欲望,学习行为则是学生创造条件展开真实的学习活动。国内的学者也对自主学习进行了研究。庞维国认为,自主学习是建立在自我意识发展基础上的"能学";建立在学生具有内在动机基础上的"想学";建立在学生掌握了一定学习策略上的"会学";建立在意志努力上的"坚持学"。综合以上定义,不难看出自主学习的本质包含三个方面:第一,自主学习首先是对整个学习活动的预想、规划和组织;第二,自主学习还应包括对学习过程的监视和控制;第三,自主学习包括对学习活动进行自我检查、自我评价以及根据反馈信息调节学习活动。

(二)自主学习的特征

1. 自主计划

自主计划是在学习之前发生的,为接下来的学习活动所做的准备工作。在这个阶段,学习者需要了解学习内容,选择学习策略。具体来讲,自主计划包括先行组织、集中注意、选择注意和自我管理。先行组织就是在自己原有知识的基础上预习即将要学习的新资料,了解大意和相关概念。集中注意是指始终将注意力集中在所要学习的资料上。选择注意就是注意学习过程中的特定方面而忽视其他方面。自我管理是创造条件促使学习任务的完成。

2. 自主监控

自主监控,简单来讲,即对整个学习过程的检查、调整和确认。这既包括监控自己听到的、看到的、理解到的知识信息,也包括对学习计划、学习方法和策略的监控。对学习计划的监控是指监控计划的科学性以及时间分配的合理性;对学习方法和策略的监控就涉及方法、策略的选择是否恰当。

3. 自主评价

自主评价发生在学习活动的最后阶段,是对自己学习任务的完成情况进行的分析、判断。它包括对计划和时间分配的合理性、知识信息的获得、策略的运用等进行评价。自主评价有利于学习者反思学习过程中遇到的问题,总结经验教训,以便对下一次的学习进行指导。

二、自主学习的理论基础

国内外的教育专家之所以大力提倡自主学习,是因为它有稳固的理论基础。认知学习理论、建构主义学习理论、人本主义学习理论以及社会语言学是自主学习的四大理论基础。

(一)认知学习理论

现代认知学习理论包括布鲁纳(Bruner)的认知发现说、奥苏贝尔(Ausubel)的认知同化说以及加涅(Gagne)的信息加工说。认知发现说主张学习每门学科的内在结构,并且这种学习需要经历获得、转化和评价三个阶段;它同时强调利用头脑中的已有经验主动学习新的结构性知识。认知同化说提出,已有的认知结构对于新知识的学习是一种充分条件,学习就是将新旧知识建立联系的同化过程。信息加工说指出,学习就是对知识进行编码加工的过程。

(二)建构主义学习理论

建构主义学习理论的本质是:学习是学习者在新信息的刺激下,对已有知识的重组和调整,以及对新知识形成有意义的解释和理解,从而建构新的知识结构。并且它认为,知识并不是对客观世界的绝对客观的反映,它只是人们对世界的看法和理解,是相对可信但不是永恒不变的真理,因此知识会随着社会文明的进步有所调整。

(三)人本主义学习理论

人本主义学习理论是以人本主义心理学为基础,其代表人物是马斯洛(Maslow)和罗杰斯(Rogers)。人本主义学习理论认为学习不仅是认知的学习,而且是经验的学习;认知学习是无意义学习,经验学习是有意义学习;学习最终导致个体在智力、情感、态度、人格和行为等方面发生稳定的变化。总之,人本主义学习理论包括三点:①学习是个体的全身心的投入,重视知识和情感的作用;②学习是自我管理、无教师指导的,即自己发现、自己理解并且自己评价;③学习是在无威胁的环境中进行的,教师应尽量给学生创设舒适轻松的环境。

(四)社会语言学

社会语言学兴起于20世纪60年代的美国,它包括两个领域:社会领域和语言领域。海姆斯(Hymes)认为社会语言学的研究目标既有社会的又有语言的,它是探讨语言在社会范围中的广泛使用的理论。杨永林则认为,社会语言学包括语言结构和社会语境这两个研究问题,主要探讨语言和社会之间的关系,也就是将语言结构放到社会这个背景下去分析研究。

三、自主学习能力的影响因素

(一)自我效能感

自我效能感是个体对自己是否能完成某目标的自信程度。它对自主学习能力的影响主要有以下四个方面:①影响学生选择学习任务。一般来说,学生会选择那些跟自己能力匹配或相当的任务,由于个体的自我效能感高低不同,所以选择的任务不同。②影响学生制定学习目标。自我效能感与学习目标的选择是正相关的。③影响个体在遇到学习困难时的耐受力。自我效能感越强,越能直接面对困难并坚持适应困难。④影响学习策略的选择。自我效能感越高,越能合理地运用元认知策略和认知策略。

(二)学习动机

学习动机是激发和维持某一学习行为的驱动力。学习动机和自主学习是呈正相关的,学习动机越强,就越能激发自主学习,它为自主学习提供动力和方向。而学习动机是一种内在心理过程,是无法观察到的,因此具有隐蔽性。但仍然可以通过学习的外在表现推断,如学习态度、学习时间等。

(三)归因

归因是个体对自己成败的原因解释。归因对自主学习有不可忽视的影响。把学业失败归因于内在稳定的因素,会降低其自主学习的可能性;而把学业失败归因于可控制的因素,就会提高其自主学习性。

(四)学习策略

学习策略是指为了实现学习目的而采用的学习规则和手段,其对自主学习有影响。选择了合适的学习策略,就选择了较大的成功概率,而成功的次数越多,自主学习的可能性就越大。不仅如此,学习策略还可以使学习者在学习过程中更加轻松,因为一旦对规则和手段更熟悉,做某事就更得心应手。

(五)社会环境

影响自主学习的社会环境包括教师和同伴,这两者都是影响自主学习的外在因素,然而二者对学生个体的自主学习的影响是广泛而深远的。

1. 教师

教师的教学模式、管理方式、指导方式都影响着学生的自主学习。通常情况下,以学生为中心的教学模式,较能使学生发挥主动性,也就能提高学生的自主学习能力。再者,如果教师采取民主、自由的管理模式,也能提高学生的自主学习能力。另外,教师在学生的学习过程中给予的指导也是自主学习能力很大的影响因素,如果教师在需要时提供心理上、技术上的指导,而不是处处控制干预,那么学生的自主学习能力也会有所提高。

2. 同伴

首先,个体对自主学习能力的评估会受到同伴的学习结果的影响,因为个体会把学习进行相互比较。其次,在培养能力方面,榜样的力量是相当强大的,个体可以在观察、模仿和内化的过程中不断提升自己的自主学习能力。最后,同伴之间的人际交往也影响自主学习能力。一般来讲,在关系亲近、氛围轻松、团结友好的人际关系中,个体较能通过互相帮助提高自己的自主学习能力。

四、自主学习能力的培养

(一)提升自我效能感

自我效能感影响着自主学习,那如何提高自我效能感以促进自主学习能力的提升呢?这就需要学生在语言学习方面不断进步以便获得持续的成功。学生可以制定阶梯式的学习目标,先完成简单的目标以建立信心,然后再慢慢地增大任务难度,并且这种难度是通过自己的努力可以达到的,这样自己就会在不断地尝试成功当中提升自我效能感,形成学习成功—自我效能感提升—学习成功—自我效能感提升的良性循环。

(二)增强学习动机

学习动机可分为内部动机和外部动机,内部动机与爱好倾向、成就感等有关,而外部动机与学习行为是否满足外在要求有联系。所以要想增强学习动机,一方面,学生在英语学习中要注意培养兴趣,并让自己尽可能多的体验英语学习带来的成就感;另一方面,当自己达成了学习目标之后,要给予一定的外在奖励作为鼓励,也就是给予正强化。

(三)正确归因

归因方式对自主学习有着不可忽略的影响。美国心理学家韦纳(Weiner)认为成败的原因有六种,分别是:能力、努力、任务难度、运气、身心状况、其主人或事的影响。他进而从三个维度对这六个因素进行了划分:内部与外部、稳定与不稳定、可控与不可控。其中,能力和任务难度是稳定的,努力是可控的。当学生将失败归因为不稳定、可控的因素,他就不会丧失希望,进而加强自主学习,不断提升自己;而当学生将成功归因为稳定的、可控的因素,他就认为是自己能力强并且努力到位,持续的尝试成功的欲望就不会消失,因而也会加强自主学习。

(四)训练学习策略

学习策略也会对自主学习有一定的影响。良好的学习策略会减少学生在学习过程中的挫折和不知所措的感觉,使其提高学习效率并保持较高的学习情绪,这对自主学习大有裨益。学习策略训练包含两个方面,首先,教师应该亲自示范学习策略,并让学生对它的运用理解透彻;其次,教师要布置学习策略的操作案例,让学生课外练习巩固;再者,还要将学习策略进行班级性的讨论;另外,教师应该在课堂上选择合适的教学内容,然后将学习策略渗透其中;最后让学生围绕该学习策略设计相关的课堂活动。

(五)优化社会环境

社会环境包括教师和学生两个方面。一方面,教师要不断地制造让学生成功的机会并适当地给予正强化,以提升学生的自我效能感和学习动机。同时,教师要引导学生进行合理的归因,让学生拥有希望,可以通过劝说的方式去引导。并且教师还要向学生传授学习策略,因为学习策略也是自主学习能力的一种体现。另外,教师要创设自由轻松的氛围,并且投入自己的热情,提升人格魅力,让学生对自己心悦诚服,进而加强自主学习。另一方面,学生必须和同学建立良好的伙伴关系,以便在自主学习方面获得更多的社会支持。

第二节　合作学习

教学改革背景下,大学英语注重培养学生的英语交际应用能力,而合作学习就是需要小组成员之间的交流配合,因此它的存在是必然而合理的。它是一种群体共同学习的方式,是团体精神在学习领域的体现,并且在某种情境下,它比个人独自学习更加行之有效。本节就具体谈谈合作学习。

一、合作学习的定义及基本要素

(一)合作学习的定义

所谓合作,是指个人与个人或者群体与群体之间基于一个相同的目标,采取一定的群体规范,共同行动、积极配合的方式。因此,合作学习就可以这样来定义:它是以一个学习目标为导向,以生生、师生、师师之间的协作为基本动力,以小组为表现形式，以小组成员之间的学习活动为主体，以团体总成绩为评估依据的一种学习方式。

（二）合作学习的基本要素

合作学习的要素归纳起来有三点：①小组活动。没有小组活动就没有合作学习。小组活动，是指小组有明确的学习活动时间、明确的学习活动目标、明确的学习活动任务、各个组员间的明确分工、真实详尽的学习活动反馈。②相互支持。组员间的利益是联系在一起的，每个成员的学习行为都会对整个小组的学习造成不可忽视的影响，因此组员之间必须在心理、资源等方面相互支持，才能使整个小组的利益最大化。③组员间的人际交往技能。良好的小组氛围影响着学习目标的实现，因此组员应该掌握一定的人际交往技能以便创设良好的氛围。这就要求组员之间彼此信任、积极沟通以及正确地处理冲突，这些都是人际交往技能的表现。

二、合作学习的理论基础

（一）动力理论

动力理论是由格式塔心理学提出的。动力理论将合作小组看成一个动力整体，这个小组的统一目标能够带给组员一定的学习动力。组员的利益是连在一起的，并且组间的竞争也有利于组员提高为共同利益而奋斗、对抗竞争对手的意识。再者，组员之间的学习行为也是相互影响的，主要表现在组员的努力程度和学习状态受其他组员的影响，因此只有每个成员都将自己的能力和努力发挥到最大程度，才能最大程度的实现学习目标。

（二）选择理论

美国心理学家威廉·哥拉斯创造了选择理论。他认为人的一生有多种需要，如合作的需要、归属的需要、与人分享的需要、爱的需要以及关心他人的需要，人们会尽量去满足它们。而合作学习正好满足了这些需要，因为成功的合作学习某种程度上会使人获得归属感、爱以及分享的喜悦。需要的满足才能带来幸福的、有质量的生活。

三、合作学习的基本模式

(一)分组

合作学习的第一步是将学生进行分组,这里涉及几个原则。第一,教师必须决定小组规模。可根据学习活动的时间、学习材料的多少来决定小组规模。第二,最好将能力不同的学生分到一组,以保证各个小组的能力水平相当,并且能力不同的学生在一起可以促进学习。第三,将学习风格不同的学生放到一组,研究表明,不同学习风格的学生在一起,有助于学习效果的提升。第四,组员的选择应由教师来定,而不能自由选择,因为自由选择的小组会较多地做与学习无关的事情。

(二)任务分配

分组结束后,紧接着就是分配任务了。分配任务是合作学习过程中很重要的一个步骤,任务分配的明确与否影响着合作学习的成功与否,进而影响合作学习的评价。教师应以清晰详细的方式告知各个小组的任务,解释完成任务的规则和步骤,规定所需要的时间,然后向学生提一些和任务相关的具体问题,以检查学生是否真正理解了各自的任务。这些都是教师作为合作学习的引导者的体现。

(三)过程管理

学生开始合作学习的同时,教师也有自己的工作,那就是对整个过程进行监督管理。教师要观察学生的表现并时不时地给予提示,也可以用提问来检查学生的表现。教师在必要时应向学生提供帮助,解答学生的问题,让他们在学习过程中少走弯路,进而提高学习率。对于学习中遇到的每个问题,组员应该先做深入思考,然后再和其他组员讨论交流,教师应该尽量保证学生做到这一点。

(四)效果评价

在合作学习的最后,还要进行学习效果评价。要注意把学习过程和学习结果结合起来进行评价,把小组集体和小组个人结合起来进行评价。小组集体评价的目的是使组员明白合作学习是培养学生的团队精神,个人的成功依赖于集体的成功。尽管如此,也不能忽视对小组个人的评价,否则会使学生丧失学习的积极性。

四、合作学习的效益

(一)批判性思维

批判性思维已经被许多教育家提倡为高等教育的重要目标之一,由此可见它对于大学生的意义之大。因为批判性思维具有开放性和分析性的特点,而合作学习过程中的互动、讨论等环节,就鼓励了学生将不同观点、不同思路开放性地表达出来,供组员思考分析。选择了正确的学习方法而不是学习内容,对批判性思维的发展更具有重要意义。研究表明,小组讨论这种学习方法比学习内容更有利于促进批判性思维的发展。

(二)积极的人际关系

为了提高合作学习的效果,小组成员必须增强信任感,减小心理防御。并且提供高效的支持,如资源和信息等。还要能接受别人的质疑,在遇到分歧的时候,不是回避而是平等地交流讨论,这样有利于拉近彼此的关系。另外,在相互评价时,还要能提供积极的反馈以便组员在未来做得更好。最后,相互激励也是很重要的一环,因为被鼓励、被尊重能增强学习欲望。合作学习的效果良好,必然有着积极的人际关系;反过来,积极的人际关系也会带来良好的学习效果。因此,学习效果和人际关系是相辅相成的。

(三)健康的心理

除了合作精神,良好有效的合作学习不仅可以提高组员对人的情绪或者所处的情景的敏感度和观察力,而且能促进较高的自尊心。在相互联系的社会网络中,合作精神、观察力和自尊心都是维持心理健康的重要因素。因此,合作学习有助于维持健康的心理,健康的心理可以增强人体免疫力、提升幸福感,因此它是相当重要的。

第三节　探究学习

一、探究学习的含义及特征

(一)探究学习的含义

20世纪50年代,美国教育学家施瓦布(Schwab)提出了探究学习的理念。他认为,探究学习是指儿童通过自主地参与获得知识的过程,从而掌握研究自然所必需的探究能力。我国的徐学福教授则认为,探究学习是学生在教师的指导下,为获得科学素养以类似科学研究的方式所展开的学习活动。张秀娟教授认为:“探究性学习是指学生在教师指导下,从自然、社会和生活中选择和确定专题进行研究,并在研究过程中主动地获取知识、应用知识、解决问题的学习活动。它已成为高等教育的有效补充和延伸,体现出指导与自主、基础与研究、分科与综合、理论与实践、校内外、课内外等的有机结合和兼顾。”我国教育人士王茜茜对探究学习进行如下总结:“探究学习是一种以学生内在探索发现的品质为基础、以解决问题为导向,在教师的指导下,学生通过各种形式获得知识与技能、发展能力、培养情感与态度,特别是探究精神和创新能力的学习方式。进行探究学习,通过探究、合作的亲身体验,不仅能够有效地促进学生形成科学概念和对知识深层的理解,还有利于培养学生运用科学方法去思考问题,帮助他们提升解决问题的能力,获得成功的喜悦。”至今教育界对探究学习还没有达成一致的定义,但它作为一种新型的学习方式,已经被多个国家所重视。综上所述,探究学习是学生在教师的指导下进行的主动学习和积极探索的过程。

(二)探究学习的特征

1. 主体性

探究学习鼓励学生充分发挥自己的主观能动性、积极参与探究活动,形成多方面的学习交流,从而创造一种开放、民主的学习氛围。它注重个体体验,将知识的学习看成是认识、情感和人格的综合结果。学生在这种学习活动中都能获得一种主人翁的感受，学生不是被动地接受教师传递的知识，而是自己控制探究学习的进度。学生也不把教师分配的任务看作一种外来压力，而是看成自己学习的契机。它主张学生不断挖掘自己的内在潜能，只要智力正常，都可以通过学习提高自己的创新能力。探究学习常常是多人参加的过程，这既是探究学习本身所要求的，也是为了适应学习型社会。

2. 发展性

语言不是交际的目的，而是一种工具。之所以说探究学习具有发展性特征，主要有两个原因。首先，探究学习是在活动的模式下进行的，而活动的这种开放性让学生可以充分发挥自由的权利，表现学习的主体性，从而促进个体发展。第二，探究学习的评价采取类似于纵向评价的方式，鼓励学生不断超越之前的自我而获得新的发展。学生通过不断进步而拥有越来越多的自信，也就能迎来新的成功，进而提高了内在驱动力。

3. 问题性

问题和学习是相辅相成的关系，问题越多，产生的学习活动就越多；产生的学习活动一旦多起来，问题也会自然而然多起来。这就是知识越多，越能发现问题的原因。问题是学习的线索，由问题入手，才会激发学生的好奇心，才会有深刻而全面的思考。探究学习就是一种发现问题、提出问题进而解决问题的过程，这也是一条通往创新能力提升的道路。人类的进步和社会的发展正是由问题开始的。

4. 真实性

英语学科的内容大都来自日常生活，与学生的真实生活较为贴近，因此英语学习具有真实性特点。探究学习的真实性不仅体现在内容上，还体现在过程上。在探究学习中，学生将自己的知识、情绪、态度和兴趣等真实地表现出来，对学习中出现的真实问题进行信息加工。

二、探究学习的步骤

(一)明确任务

在进行探究学习之前,教师必须先将学习目标和学习内容清楚明白地告知学生,让学生完全理解了此次活动的要求之后再开始。以《大学英语》第三册第六单元为例,教师应先确定目标:对作者海明威进行基本了解,归纳作品主题以及掌握重要单词和短语。接下来,根据目标可以确定四组任务:(1)查询作者海明威的基本情况;(2) 了解一个九岁男孩由于误解死亡即将来临所表现的镇定与平静;(3)查出动词 commence,flush,gaze,overcome,poise,prescribe,scatter, shiver 和 varnish 的意义和用法;(4)查出短语 be detached from,bring down, hold tight onto oneself,keep from,out of sight 和 take it easy 的意义和用法。

(二)分配工作

明确任务之后,教师就要分配工作了。将全班分成若干小组,指定有领导才能的学生担任小组长。小组长的工作就是带领全组学生有条理地展开交流,进行探究学习。并且小组内还应指派一名记录员和一名会报员,记录员负责记录本次探究学习的重要内容,汇报员的工作是将探究学习的情况概括地向全班交代清楚。

(三)教师指导

探究学习是在教师的指导下进行的活动,教师需要对整个探究活动起指路导航的作用,并且应该将进行探究学习的过程向学生描述清楚。教师是指导学生如何去做,但不会代替他们去做。学生始终是学习的主体,教师只是在每个阶段给予建设性的意见。

(四)汇报结果

在探究学习的末尾,学生有必要对整个学习过程进行反思,总结做得好的地方和不足之处,同时将学习成果和全班同学分享。从同学的结果汇报中,学生有可能会学习到一些经验以及注意一些易犯的错误。同时,汇报可锻炼学生的语言表达能力。汇报的顺序可以抽签决定。

（五）科学评价

探究学习应该有一套科学和可靠的评价体系。评价标准应该根据学习目的来制定，评价主体、评价方式和评价手段可以灵活地进行选择。同时，将自我评价、学生互评、定性评价与定量评价等相结合，有利于学生获得更真实、更全面的认识，进而不断改进探究学习的态度、方法等。最后适当给予强化措施，也就是对于做得好的学生加以表扬。

三、探究学习的评价

所谓评价，是指对评价客体进行研究、分析得出的判断，通常是好坏、是非的终结性判断。而学习评价是有关学生的学习成果、教师的教学质量等方面的信息。在探究学习中，学生可以根据评价结果不断调整自己的学习过程，从而达到最好的学习效果。

（一）探究学习的评价方式

对于探究学习而言，最完善的评价方式应该是将形成性评价和质性评价相结合。形成性评价也称作“过程性评价”，对探究学习展开形成性评价，就可以在学习过程中及时发现问题，并及时调整、改进。而质性评价通常表现为文字性的描述，它比以简单的数字为呈现形式的量化评价更能传达出优劣等信息。

（二）探究学习的评价主体

探究学习的评价主体应该是多元化的，除了教师评价，也可以是自我评价、相互评价，还可以让家长和社区人士积极参加到评价中来。另外，大学生自我意识和自尊心较强，因此评价结果必须要保持一定的秘密性。

（三）探究学习的评价目的

探究学习的评价目的不应该是根据成绩好坏将学生分类、分等级，而是将评价作为学习的一种鞭策手段，旨在关注学生的智力和心理的正常发展。避免学生因评价结果不好而出现长时间的情绪低落，这样就会使评价的功能走向反面。

（四）探究学习的评价方法

探究学习可采用多种评价方法，如观察法、问卷法、访谈法及测验法。其中，在使用观察法的时候，要注意做好观察记录，不遗漏重要细节；若是使用问卷法，可不用设置唯一答案而采取开放性答案；而采用访谈法，就要事先准备访谈提纲并且让每组学生回答的问题相同；测验法主要涉及题目的选择，要选择生活化、难度适中的题目。

第六章　认知语言学和二语教学研究的趋势

第一节　二语习得研究成果总结

本书对整个研究做了一个回顾，同时也就研究过程中发现的一些有待进一步探索的问题进行总结，为今后的研究提供线索。

（1）本书对近40年来中国二语习得的研究状况进行了全面总结。从二语习得的心理、社会和语言文化的认知三方面阐述语言观，并对各种语言形式背后的理据做出合理的解释。同时提出了自己的语言能力合成说，认为语言能力不是单一的或者独立的，而是由多种更基本的认知能力协同合作的结果。

（2）作为二语习得研究的重要内容之一的中介语，本书从语言和语用能力两方面入手进行研究。将语用能力的发展置于交际能力的综合模式中，考察其与语法能力之间的相互作用。从信息过程来探究，特别关注注意、意识、输入、元语用知识对语用能力发展所起的作用。从语言社会化角度研究文化和语用知识是如何通过学生参与情景活动而习得的。本书提出语言能力是语用能力发展的基础，是语用迁移发生的前提，学习者在交往中因处于不利地位失去了发展语用能力的机会。对中介语的研究，可以使我们对中介语有正确的认识，有助于教学的实施和教学质量的提高。可以预见，随着研究的进一步发展，中介语理论将会在外语教学中发挥更大的作用。

（3）通过对二语习得内在因素与外在因素的探索，总结出学习者内部因素的研究可分为学习者的共性特征和个体差异。揭示共性特征的研究包括基于普遍语法的研究、母语迁移研究和语内迁移研究。个体差异研究集中在某一类学习者内部因素或某两类因素的关系上,也可以集中在某类学习者内部因素对中介语发展的影响。上述各类研究中,量化研究占主导地位。而学习者外部因素包括社会环境、家庭环境、学校环境、课堂环境和教学方法。从现有的实证研究来看,单纯的外部因素研究几乎不存在。人们对学习者外部因素的关注点有两个:一是发现它们对学习者内部因素的影响,二是探究它们对中介语的影响。研究某一类外部因素对中介语的影响,分析某些外部因素对中介语发展的综合影响,并考察交际情景对中介语变异的影响。

(4)本书从二语习得与外语教学的内在联系入手,探索新时期英语教学的培养目标是极有效的教学模式之一。把语言知识与语言技能有机地结合起来,把个人的体验与语言学习结合起来,将语言学习与教育结合起来,使学生的语言能力和整体素质都得以提高。通过研究课程设置与质量评估的关系入手研究英语教学改革的环节,提倡教学改革深化不能仅仅围绕教学方法进行,必须建立科学合理的课程体系和课程模式。本书所分析的是英语课程设置改革的阶段性成果。从研究层面而言,对于这些改革特别是课程设置改革对人才教育与培养的影响程度,采用跟踪性定量和定性的方法进行了分析与研究,通过协同机制促进二者的共同发展。

第二节　二语习得研究的方向展望

一、研究的局限性

(1)理论研究总体看来进展力度不够。理论研究系统性稍弱;在理论建设方面,涉及具体方面的微观研究较多,缺乏宏观理论建构的研究;理论的独创性不强,有些还停留在对某些理论原则的阐释评述层面上,在结合中国的实际现状建立中国的语言教学理论方面,还未形成自成一体的理论体系。

(2)二语习得的研究方法不够全面。首先,以数据材料为基础的量化研究少于以访谈、观察等材料为基础的质化研究,这对研究结论的推广和普及产生了一定的制约作用;其次,验证性研究不够充实,对研究步骤描述不够详细,难以重复;再次,静态共时研究与动态研究结合不够充分,如何对二语能力形成和发展的实践更具有指导作用将是下一步研究的一个重要方向。

(3)二语习得研究学科定位模糊。学界对其学科定位尚未达成共识,这势必会影响学科的建设与发展。课堂二语习得研究成果中某些观点的学术价值与应用价值无法并存,外语与第二语言教学具有完全不同的特点。本书对这两种情况并未做出详细的阐述,而在实践教学中这些都是需要考虑的问题,甚至可能是非常重要的因素。

二、研究展望

(1)二语习得多学科性的前景使得二语习得研究和其他学科合作的领域得到扩大。目前二语习得研究已与哲学、语言学、心理学、教育学、社会学、认知心理学等社会科学进行交叉融合,今后存在着和神经系统科学、神经生物学等自然科学融合的趋势,二语习得研究的视角将得到进一步扩大。随着多学科的介入,学者们应更加敏锐地捕捉二语习得研究跨学科的融合方向,将各学科中有价值的成分借鉴吸收,纳入体系,理论研究必将有所突破、创新和发展。同时,二语习得的理论体系和研究方法除了对二语(外语)教学及其改革继续起到重要的启发和指导作用外,对人类在语言普遍性规则、认知发展、语言发展、生理发展、社会语言问题及文化普遍性等问题上正在产生积极、广泛和深远的影响。因此,二语习得应用研究的范围也将得到拓展。

(2)国内二语习得研究方法将得到越来越多的重视并得以完善。哲学、数理统计、统计分析、认知科学、计算分析等方面的知识和方法都将被广泛运用到二语习得研究中,使研究方法更加科学和丰富。要想全面、深入地认识二语习得的本质,必须多种方法有机结合。同时,要进一步普及和提高研究方法意识,最根本的方法是在高校加强现有研究方法课程的教学。

(3)二语习得研究问题逐渐深入发展。从二语习得过程来看,研究点已侧重到学习者接受的输入语的话语分析,研究问题深入到语言迁移、输入语、语言变异等。从二语学习者来看,由对学习者诸因素与学习成绩的简单的相关研究,向这些因素在二语习得过程中如何起作用方向发展;由从研究语言能力的习得过程,向研究学习者语用和跨文化交际能力的习得过程方向发展。同时研究模式将突破原有的以普遍语法为主的状况,功能主义和其他跨学科的模式将共同参与二语习得研究,使用的语料将突破句子的层面,更多地使用话语或语篇层面上的语料。这种发展趋势将使国内研究者明确今后研究的重点和方向。

(4)汉语界和外语界在二语习得研究上将会出现沟通、融合的趋向,这为二语习得共性的研究提供了思想和人力方面的基础。未来我们渴望看到国内汉语界和外语界二语习得研究相互兼容、交叉互补、团结协作、携手共进的可喜局面,渴望看到两界学者联合召开的学术会议和携手合作的研究成果。

(5)中国的二语习得研究将逐步融合到国际性研究当中,在研究领域和研究范式上进一步同国际接轨,从而在整体上接近国际研究水平,与全球范围的二语习得研究发展潮流同步,并在不久的将来有望在许多重要研究课题上站在本学科的前沿,取得更加令人瞩目的成就。

总体来看,中国二语习得学者多年的研究和探索,不断检验、修正、补充和丰富了二语习得的理论与实践,有力推动了二语习得研究的发展,并越来越引起国际学术界的关注。在看到成绩的同时,我们更应清醒地认识到存在的差距与不足,认真总结经验和教训,调整和确定今后努力的方向。我们相信,国内学界同仁的共同努力必将为中国的二语习得研究开创一个硕果累累、充满希望的新局面。

参考文献

[1] 束定芳. 外语教学改革:问题与对策[M]. 上海:上海外语教育出版社,2004.

[2] 蔡基刚. ESP 与我国大学英语教学发展方向[J]. 外语界,2004 (2):22-28.

[3] 韦华. 普遍语法与第二语言习得的理论研究[J]. 重庆电子工程职业学院学报,2009 (2): 64-66.

[4] 文秋芳. 英语学习策略论[M]. 上海:上海外语教育出版社,2000.

[5] 夏纪梅. 现代外语课程设计理论与实践[M]. 上海:上海外语教育出版社,2003.

[6] 肖云南,戴曼纯. 二语习得研究成果在课堂教学中的应用问题[J]. 外语界,2004 (3):32-39.

[7] 徐烈炯. Chomsky 的心智主义语言观[J]. 国外语言学,1993(1):8-13.

[8] 戴曼纯. 关于交际语言教学法的几个常见错误观念和误解[J]. 外语教学,1997(4):39-43.

[9] 戴曼纯,崔刚. 空算子理论与英语寄生语缺[J]. 外国语,2002(5):31-39.

[10] 戴炜栋,王栋. 语言迁移研究:问题与思考[J]. 外国语,2002(6):1-9.

[11] 董明. 大学英语课堂"生生互动"模式初探[J]. 外语与外语教学,2004 (5):30-33.

[12] 高翔. 语言输入理论的认知分析[J]. 外语与外语教学,2005(6):15-17.